保育士等キャリアアップ研修テキスト

マネジメント

第2版

監修 秋田喜代美・馬場耕一郎
編集 秋田喜代美・那須信樹

中央法規

監修のことば

　本テキストは、平成29年4月に厚生労働省から出された通知「保育士等キャリアアップ研修の実施について」（平成29年4月1日雇児保発0401第1号）により保育士等キャリアアップ研修を実施していただくにあたり、そのガイドラインの理念や考え方に基づき作成されたテキストになります。平成28年12月に保育士のキャリアパスに係る研修体系等の構築に関する調査研究協力者会議から出された「調査研究協力者会議における議論の最終取りまとめ：保育士のキャリアパスに係る研修体系等の構築について」にその考え方は書かれています。

　キャリアアップ研修のねらいは、保育士等がキャリアパスを見通し、保育所においてリーダー的職員を育成することにあります。つまり、保育所においてすでに一定以上の実践経験をおもちで、ミドルリーダーやリーダーとしての意識をもち、保育所の保育の質向上、職員の資質向上のキーパーソンとなる方、なろうとする方のための研修になります。したがって、テキストにおいても、これから保育士になっていかれる養成校でのテキストとは差別化を図っています。

　第一には、基礎的な知識を伝達しスキルを習得することで、現場に行って教えてもらえばできるという段階の基礎知識のテキストではなく、そのような基本的な考え方や概念をもとにしながらも、「最新の動向を知る」ことや、基本の上により深くその知識を自園の実践とつなげて意味づけ考えることができるためのテキストを企画段階で目指したものであるということです。保育士等の専門性は、多様な事例を知ることによって、判断に基づく行動ができることにあります。したがって、その「事例知識」を各園の実情を踏まえて共有できるテキストにするということが求められます。

　第二には、ミドルリーダーは、自分で実践ができるというだけではなく、これまでの経験を踏まえて「この分野なら私が専門的にわかる」という得意や専門分野をもち、責任をもってほかの保育士等を指導・助言できたり、組織、園全体をリードできるための実践的知識を伝えられるようにするということがあります。「議論の最終取りまとめ」においても「研修の実施にあたっては、講義形式のほか、演習やグループ討議等を組み合わせることにより、より円滑かつ主体的に受講者が知識や技能を修得できる。効果的な演習やグループ討議を行うため、各園の創意工夫や課題を持ち寄って、自園の保育内容と関連付けた研修内容とすること等が考えられる」と述べられています。つまり、自らの経験をなんとな

くわかっているだけではなく、説明できたり、そのポイントを意識化し言語化できることが大事になっています。

　そこで、本テキストは、皆さんの経験や知識を書き込むことで完成するマイ・テキスト、各園の実情と研修を一緒に受けた人たちとの事例をもとにして初めてできあがる私たちの（Our）テキストという、ワークブック的な演習課題を入れたテキストとなっています。皆さんが受講した研修の軌跡を通して語り合ったり考えたことの道筋をたどり、完成させ創り出すものとなっています。同時に、この考え方や知識だけは核にしながら考えてほしいということだけが記載されています。それに肉づけをするのは、研修に参加する皆さんとその場での講師の自律性にゆだねられる余地をつくっています。

　第三には、本分野の研修を受けた後で振り返ったときに、こんなことを学んだよと自身の所属する保育所に持ち帰っていただくと同時に、ほかの保育士等とともに振り返ることができる、対話のきっかけとなる研修のアイデアになることも、テキストのなかに書き込まれることを願っています。

　現在、「主体的・対話的で深い学び」が子どもたちに求められていますが、それは保育士自身も経験することが大切です。マイ・テキストとなったテキストを持ち帰り、それが一つのきっかけになって園内研修の一つの窓になる、自園だけではなく、他園から学ぶ事例もあるということが可能になるように企画をしました。

　ですから、研修に参加して終わりではなく、学んだことが保育所で実際に共有され活かされることで、保育の質のさらなる向上が図られることを願っています。どの保育所でも、現状認識の把握から始まり、当該分野に関してよりよい知恵を皆が共有でき、保育所において次のよりよい保育を創ろうとすることが、真にミドルリーダーがミドルリーダーとしてのはたらきをすることにつながると考えます。

　本テキストは、皆さんが主人公、そして出会った講師や研修をともに受ける人との得がたい経験が埋まって初めてつくられるテキストです。教科書というイメージとは異なります。誰もがどこでも使えることで、保育所の学びの軌跡となることを、監修者として願っています。

秋田喜代美

馬場耕一郎

はじめに

　保育所保育指針（2017（平成29）年3月改定）の第5章「職員の資質向上」をより実質化・具現化していくための施策として、「保育士等キャリアアップ研修」が開始されることになりました。保育現場におけるリーダー的職員の育成に関する研修内容や研修の実施方法等について『保育士等キャリアアップ研修ガイドライン』（以下、ガイドライン）が定められ、「当該保育所における保育の課題や各職員のキャリアパス等も見据えて、初任者から管理職員までの職位や職務内容等を踏まえた体系的な研修計画を作成」し、「処遇改善のための加算」の要件として、本研修を受講することが課されることになりました。

　ガイドラインでは「専門分野別研修、マネジメント研修及び保育実践研修」とあるように、他の六つの専門分野の研修とは趣の異なる分野として「マネジメント研修」と「保育実践研修」が位置づけられています。その「マネジメント」分野の研修の「ねらい」として、「主任保育士の下でミドルリーダーの役割を担う立場に求められる役割と知識を理解し、自園の円滑な運営と保育の質を高めるために必要なマネジメント・リーダーシップの能力を身に付ける」ことが明示されている点は、極めて特徴的です。

　今回のキャリアアップ研修制度では、「保育の質の向上に向けた組織的な取組」の必要性が強調されています。この「組織的な取組」を実現していくうえでも、各保育所における「マネジメント機能」が強化されていくこと、「職位や職務に応じた知識及び技能」によって、他の保育士等への助言や指導ができ、保育所全体をリードできる役割を担える人材の育成が急務であることが、「マネジメント」分野に関する研修の重要な価値となっています。

　すでに、マネジメント分野の研修を終えた方々が、園内で活躍しはじめています。自らのミドルリーダーとしての役割を自覚しながら、保育所組織としての保育力の向上に努めています。

　本書を活用したミドルリーダーの育成をはじめ、保育士等専門職としてのキャリア形成を見通しながら、全職員の保育所におけるマネジメントの意義に対する学びのきっかけづくりにも活用していただければ望外の喜びです。

秋田喜代美

那須信樹

受講にあたって

■本書の使い方

本書は「保育士等キャリアアップ研修の実施について」（平成 29 年 4 月 1 日雇児保発 0401 第 1 号）に定められた「保育士等キャリアアップ研修ガイドライン」の「分野別リーダー研修の内容」に準拠しています。

表 分野別リーダー研修の内容

分野	ねらい	内容	具体的な研修内容（例）
マネジメント	・ 主任保育士の下でミドルリーダーの役割を担う立場に求められる役割と知識を理解し、自園の円滑な運営と保育の質を高めるために必要なマネジメント・リーダーシップの能力を身に付ける。	○マネジメントの理解	・組織マネジメントの理解 ・保育所におけるマネジメントの現状と課題 ・関係法令、制度及び保育指針等についての理解 ・他専門機関との連携・協働
		○リーダーシップ	・保育所におけるリーダーシップの理解 ・職員への助言・指導 ・他職種との協働
		○組織目標の設定	・組織における課題の抽出及び解決策の検討 ・組織目標の設定と進捗管理
		○人材育成	・職員の資質向上 ・施設内研修の考え方と実践 ・保育実習への対応
		○働きやすい環境づくり	・雇用管理 ・ICT の活用 ・職員のメンタルヘルス対策

都道府県が実施主体となって行われる同研修での受講に使いやすいよう、各節の始まりと終わりには演習課題を設け、単なる知識の習得に終わらずに、学んだ内容を受講生が持ち帰り、ほかの保育士等に説明・研修できることを目指しています。ですから、研修を受講して終わりではなく、本テキストを「マイ・テキスト」として、園内研修等で活用してください。

- 現在の自分の知識や保育所の現状を把握します
- ほかの受講生の保育所との違いを認識します

- 視点や知識を習得します
- リーダーとしての立ち位置、協働の仕方を学びます

- 学んだことを振り返り、自分のものにします
- 持ち帰って園内研修等で活用する演習も一部含まれます

■開催者の準備

あると便利なもの

- ホワイトボード　　● 白紙、模造紙等（グループの数分）　　● 付箋（演習で使用）
- 保育所保育指針（解説）　　● マーカー　　● プロジェクター

■研修に持参していただく資料

各章の演習では、研修当日に受講生に持参していただく資料があります。本巻については以下のとおりです。

章・節	持ち物	備考
第4章第2節	園内研修に関する研修計画、内容、方法、役割分担などの書類	
第4章第3節	実習生オリエンテーションに関連する資料	

■凡例

本書は原則的に、以下のとおり用語の統一をしています。

保育所、園、保育園 ➡ 保育所　　　保育者、保育士、保育士等 ➡ 保育士等

施設長、園長 ➡ 園長

‹‹‹‹CONTENTS‹ ‹ ‹ ‹ ‹ ‹ ‹ ‹ ‹ ‹ ‹ ‹ ‹ ‹ ‹ ‹

第1章

マネジメントの理解

この節のねらい

- 組織マネジメントの効果を知り、その必要性を理解する
- 保育士等の業務を整理・分類し、優先順位を付ける
- ミドルリーダーに求められる役割を理解し、組織の体制を見直す

演習1 保育所内および保育所外で行う業務内容をすべて書き出して、その内容を、「子どもとの直接的なかかわり」と「それ以外」に分類してみましょう。

演習2 分類した内容をさらに「一人で行うもの」と「複数のほうが行いやすいもの」に分けてみましょう。

組織で働く意義

　ふだん行っている業務内容をすべて書き出してみると、あらためてその量に驚かれるのではないでしょうか。書き出したものを分類することで、これらの業務

メモ

がどういう特徴をもっているのか（一人で行うか複数で行うか、直接的なかかわりか事務的な作業かなど）みえてきたと思います。

　第1節では、主に保育所の組織マネジメントの牽引者や実践者となるミドルリーダーの役割について学んでいきます。その前に、組織で働く意義とともに、組織マネジメントでどのような効果が得られるのかを確認しておきましょう。

　保育士等はほとんどの時間を子どもと過ごしているため、もしかすると組織の一員であるという意識が希薄な職業かもしれません。とはいえ、何でも一人で対応していると、同僚との人間関係や相互理解を深める機会をつくれず、業務上連携が必要な場面でスムーズに協力できない可能性が出てきます。また、コミュニケーション不足によって誤解や不信感が生じれば、課題の発見や解決のスピードも低下しかねません。組織の力を最大化するためには、目標や目的を共有し、一人ひとりの力を結集しながら相乗効果を発揮できるコミュニケーションと、それを促すマネジメントが不可欠です。何よりも、すべてを一人で背負い込んでしまい冷静な判断ができず、あわてたり、あせったりしてミスを起こす状態を防がなければなりません。

　組織のなかで働くメリットは、職場にいる仲間の思いに共感し支え合えること、一人では対応しきれない問題も仲間と一緒に乗り越えられることです。そしてその一体感こそ、よりよい保育を行うために欠かせない、組織づくりの基盤になると認識しておきましょう。

業務の「見える化」

　保育の現場では、子どもの成長を応援し見守りながら、危険や不安要素をいち早く取り除くことが最も重要な「仕事」です。しかし目の前の忙しさに追われてしまうと、本来重視すべき「仕事」を、ステレオタイプな「作業」のように進めてしまわないとも限りません。そうならないために組織で取り組んでほしいのが、業務の「見える化」です。

　演習で行ったように、どんな業務がどれくらいあるのか、一度保育業務全体を把握してみましょう。その全体情報から子どもと直接かかわることかそうでないかを整理・分類でき、そうすることで優先順位を付けることが容易になります。

メモ

分類後はそれぞれの業務を適任者に振り分けられるので、よりスムーズな保育所運営ができるでしょう。

やり方は、一人ひとりの保育士等が行っている一日の流れを細かく書き出すだけの単純なものです。するとそこから、現時点で多くの時間を費やしている業務と手薄になりがちな業務が明らかになり、非効率な部分などの課題を発見できます。また、同様の業務を受けもつ保育士同士の働き方を照らし合わせてみると、各業務の適切な時間配分の検討にも役立ちます。

クラス単位でそれらを持ち寄り、職員全員で話し合う機会を設ければ、今まで個人レベルで取り扱われていたノウハウを共有できるうえ、各業務とその所要時間を見比べながら、「これはじっくりと向き合う業務」「これは複数人で行って効率化できる作業」など、重要な業務とそうでないものの共通認識を全員で深められます。これにより、日常業務のなかでも意識的に注力すべきポイントを判断できるようになるでしょう。

目的はあくまでも、最も大切にしたい保育の「仕事」を守るために改善の種を見つけ出し、子どもと直接かかわる時間を確保することです。効率化という言葉に反応しすぎることなく、業務の「見える化」を活用して、バランスのよい役割分担や理想的な体制づくりの指標にしてください。

ミドルリーダーの役割

ここから、組織マネジメントの鍵を握るミドルリーダーの役割について考えていきましょう。

「見える化」によってミドルリーダーの業務を整理・分類してみると、子ども・保護者への対応のほか、季節ごとの行事を含む運営課題の解決、さらに地域交流や小学校との連携、何よりも身近な同僚・後輩の相談相手となることなどがあげられると思います。つまり、保育所全体の情報や課題の取りまとめと把握、これがミドルリーダーの担うべき主な役割といえるでしょう。

注意したいのは、情報や課題のすべてを自ら収集し、対処する必要はないということです。経験の豊富さゆえに信頼され、キャリアの浅い保育士等をはじめ保護者にも相談やアドバイスを求められがちですが、すべてがミドルリーダーでな

メモ

ければ解決できない内容ではないはずです。相談やアドバイスの難易度によって優先順位を付けながら分類し、ほかの人でもできそうな業務は振り分けていきましょう。そうして生まれた時間で、よりよい保育につながる「仕事」に力を尽くせばいいのです。ぜひ思いきって実行してみてください。

次に、主任から振り分けられた業務のフォロー役となるミドルリーダーの役割について考えます。ある程度のキャリアを重ねているミドルリーダーは、ほかの保育士等にとって頼れる先輩であるとともに、園長や主任よりも身近に感じられる存在です。

そこで、これまで主任が保育士等に行ってきた指導やアドバイスのなかでも、現場レベルのものについてはミドルリーダーが担当するのが望ましいでしょう。主任の代役だからとあらたまり、一対一で相談に応じなくてもかまいません。保育士等の心に寄り添い、一番の支援者であることが伝わればいいのです。

これまで行ってきたように、休憩や就業後などの一息つく時間を通してさりげなく会話しながら、「私の場合はこうしてきたよ」と過去の経験や事例を語ってみましょう。このとき、成功体験だけでなく失敗談を盛り込むと、相談者が親近感を抱きやすいと思います。

悩みの早期発見

この気軽な相談役という存在は、保育士等が「誰にも話せない」状態をつくりにくくするため、リスクマネジメントの視点からも有効です。言葉にならないモヤモヤが積み重なり、時間が経ってようやく気づくのが「悩み」です。小まめにガス抜きできる環境は、悩みの深刻化を防ぎ、保育士本人はもちろん、保育所にとってもダメージが少ないです。

それでは、保育士等が陥りやすい悩みにはどんな傾向があるのでしょうか。一つには、子どもの保育に関する悩みがあげられます。気をつけたいのがキャリア3年前後の保育士等です。手とり足とり指導されなくなり、ある程度業務をまかされることが多くなる時期です。自ら考えるようになるので成長にもつながりますが、一方で、確固たる自信がないまま保育に携わる日々が続くため、「これで正解なのか」と不安を抱えるケースが少なくありません。

メモ

また、保護者対応や行事の準備なども、悩みが発生しやすい状況といえます。想定外の事態にどう対処すればいいのか迷ったり、慣れないぶんだけ時間がかかったりと心に余裕がなくなり、ミスや自信喪失につながりやすいのです。そういうときほど丁寧に保育士等を見守り、大きな問題に発展する前に早期解決を図りたいものです。

　言葉にならない悩みの前兆は、さまざまな場面で現れます。あいさつの声が小さくなる、口数が減り伏し目がちになる、ドアを閉める音が乱暴になる、靴の脱ぎ方が雑になる、身だしなみに関心がなくなるなどがその例です。ふだんの言動に変化がないか気を配り、悩みの前兆がみられたら、立ち話でもかまわないので、そっと声をかけてみてください。「どうしたの」と聞いても「何でもありません」と、すぐには心を開かない場合もありますが、世間話で気持ちを和ませながら、まずは気楽に話せる雰囲気をつくっていきましょう。

課題解決の促進

　ミドルリーダーの役割には、さらなる発展が期待できます。それは、現場レベルで感じている課題や意見を吸い上げ、園長や主任に報告する「つなぎ役」です。

　行事や日常の運営に関する相談を受け付けて検討・決裁するのは、基本的に園長や主任でしょう。しかし現場の保育士等からすると、経営者である園長や上司である主任には、直接意見しづらい感覚があるかもしれません。しかしそのまま放置すれば、同じような問題が発生するたびに無駄な労力を費やすことになり、そのストレスが不平・不満につながりかねません。そこで活躍してほしいのがミドルリーダーです。気軽に相談できるポジションのミドルリーダーは、「言いづらさによる放置」を防ぐ緩衝材になるはずです。

　「つなぎ役」として機能するには、みんなから集めた意見を正しく、かつわかりやすく伝える技術も大切です。細かすぎると論点がずれる可能性がありますし、大ざっぱすぎては課題の意味がわからず、何度も確認し直さなくてはいけません。園長や主任が検討しやすい写真や図を添付して、わかりやすい資料を作ると、的確な報告ができるでしょう。また、大きな問題から進めるのではなく、「乳児クラスの改善点」「食育の意見をまとめる」など細かな分野から試したり、最初は

メモ

主任に手伝ってもらいながら進めてもいいと思います。

　課題解決に取り組みやすい下地があれば、組織は劇的に変わります。園長・主任・ミドルリーダーを中心に方法を探り、安心して働ける環境づくりを目指してください。

》》 まとめの演習

🌱 子どもと向き合う時間が10分間増えたら何をしたいですか。そのために、ほかの保育士等と分担したり一緒にできる業務がないか見直してみましょう。

_____

_____

_____

_____

🌱 ミドルリーダーに求められる役割は何か、メンバーおよび自分の保育所内で話し合ってみましょう。

_____

_____

_____

_____

メモ

この節のねらい

・保育所のマネジメントについて、課題と対策を検証する

・これからの保育士等に求められる資質を知り、能力の伸ばし方を考える

 演習1 保育所内の運営について、園長との間で認識のズレがないか思い出してみましょう。

 演習2 保育所の運営において、どのような流れで意思決定されているかを思い出してみましょう。

保育所の構造的課題

　一般企業では、分業と進行管理によって全体を効率的に動かす基盤や、業務を集中させずに負担を分散しながらリスクを回避する仕組みが確立しています。それに比べて保育所は、クラス単位で運営している性質上「担当しているクラスのことは自分でやりきりたい」という思いが強く、保育士等が一人で何にでも携わ

メモ

_____

_____

_____

_____

_____

る傾向があるようです。季節の飾り付け一つとっても、企画や材料の調達、製作から後片づけ、さらには精算までのすべてをクラス担任が請け負うケースが少なくありません。

　このように、一人のがんばりに頼る組織では、一人当たりの仕事量が多くなり、日々の業務に追われるあまり、保育の問題点や改善点を見落としがちです。また、早めに問題に気づくことができても、園長や主任への報告・連絡・相談が後回しになる事例も見受けられます。

　こんなふうに時間や心の余裕がない状態で、保育士等はきちんと子どもに向き合えるでしょうか。このような不安定な状態が長期的に続けば、ほんの小さな見過ごしがトラブルを引き起こしたり、問題が表面化した後も、解決に時間がかかってしまいます。また、早期の離職にもつながり、慢性的な人手不足を引き起こしています。

　どんな仕事も活動も、一人では遂行できません。それは一般企業だけでなく、保育所も同じです。一人で業務をかかえ込みやすい労働環境では、休みのとりづらさから保育士等が疲弊し、体調不良による変則的な病欠が増えることも予想されます。それでは質の高い保育を提供できないばかりか、保育所運営に混乱や支障をきたしてしまうでしょう。

　第2節では、これら保育所ならではの事情を見直し、一人のがんばりに頼る組織から、全員で協力し機能的に動ける組織に変えていけるよう、その方法を提案します。

円滑な運営を妨げる要因は何か

　マネジメントを行ううえで最初に取り組むことは、組織内にズレがないかを確認することです。ズレはさまざまな場面で起こり得ます。例えば、運営方針の認識にズレが生じると、円滑に運営することは不可能です。また、指示された内容の理解にズレが生じると、誤って伝わるおそれがあり、業務に支障をきたすことが予想されます。特に、報告や相談の場面で認識のズレがあると、解決に無駄な時間を要することが懸念されます。そのような認識のズレが人間関係のゆがみとなり、溝ができるかもしれません。

メモ

このズレを解消するには、自分の考えがすべてではないと理解することが必要です。

　また、自分自身の説明（伝えたいこと）が相手に伝わったかを確認することが重要です。説明した相手に説明させることによって、相手の理解を把握することが可能となります。演習を通して確認したように、保育所の運営にはマネジメントが不可欠です。そのためには、日々のコミュニケーションを密にし、相互理解を深める努力を続けることが大切です。

重視すべきは継続性

　保育所の運営に違いはあるものの、これからの保育士等に求められる資質は共通しています。それは**「保育士等の主体性を育てる」**ことです。近年、そして今後も、保育の現場では「子どもの主体性を育てる」ことが重要視されています。保育士等が自ら主体的に考え、主体的に行動できなければ、子どもの主体性を育てることもできません。

　「主体性」は、人がかかわる組織をマネジメントするうえでも、社会や未来を生き抜く力を身に付けるうえでも大事なキーワードといえます。

　自然かつゆるやかに主体性を育む視点はとても大切です。とかく難易度の高いことにチャレンジすれば組織が成長すると勘違いしがちですが、ある瞬間だけ無理をして頑張っても成果は現れず、続けられなければ能力を伸ばす機会は失われてしまいます。それよりは、簡単に続けられることから挑戦し、徐々にステップアップしたほうが成長につながるでしょう。難しい手順や手間はできるだけ避け、単純かつ簡単でわかりやすいやり方で、継続可能なマネジメントを実行します。

　保育に従事する人は、基本的に世話好きが多い気がします。そのせいか、余計な業務を引き受けてしまったり、頼りにされたら自己犠牲を払ってまで手伝う場面を目にします。しかし本当に意識してほしいのは、子どもを笑顔にするために、保育を担う保育士等自身が心身のゆとりを保つことです。無理せず「ちょっと待って」「今はできない」と断ったり、「誰か手伝って」と声を上げる勇気も必要だと知ってください。これらは決して恥ずかしい言葉ではなく、組織として良好な状態を維持する砦となります。我慢しすぎて結局退職したり、燃え尽き症候群のよ

メモ

うにやる気が失せてしまっては本末転倒です。組織として助けを求めやすい風土についても、力を合わせて整備していきましょう。

　ここまでお伝えしてきたマネジメントの目的は、保育所の経営効率や利益を上げることではありません。保育士等が一人で抱えがちな負担や非効率的な業務を見直し、子どもたちとかかわる時間を増やすのがねらいです。毎日続く仕事のなかで保育士等が疲れきってしまったら、質の高い保育を展開するのは不可能です。だからこそ、臨機応変に対応できる人材育成、環境整備、マネジメントへと移行しなくてはなりません。

　組織とは一人ひとりが支えるもの。その一人ひとりが生き生きと子どもと向き合い、自ら考え行動する力を育みながら保育の充実に努めることが、組織や業界のあり方自体を変えていくと信じています。

≫ まとめの演習

あなたの働く保育所で、組織内のズレがないかを確認する場面をシミュレーションしてみましょう。

_____

_____

_____

_____

メモ

- -

- -

- -

- -

関連法令、制度および保育指針等についての理解

この節のねらい

・保育所の運営や保育の質の向上とかかわりの深い法令や制度について、理解を深める

・保育所におけるマネジメントと関係の深い法令、制度等について理解する

・法令や制度に基づき、保育所の運営、保育の質の向上のためにミドルリーダーが取り組むべきことを考える

演習

次のような場面で、関連する法令にはどのようなものがあり、そこにどのようなことが定められているか、知っていることをあげてみましょう。

①嫌がる子どもに、非常に威圧的な態度で言うことを聞かせようとする保育士等がいる。

②仕事が就業時間内に終わらず、多くの保育士等が日常的に仕事を持ち帰っている。

③家庭内暴力が理由で子ども・配偶者と別居している保護者が、子どもとの面会を求めて保育所を訪ねてくる。

メモ

🫖 子どもの人権

　保育士等は、子どもの保育をする以外にもたくさんの業務に従事しています。各種の書類、計画や記録の作成などもあります。保護者への子育て支援の仕事もあります。研修もしなければなりません。仕事をするときに、法令を意識している保育士等はあまりいないかもしれません。例えば、保育所で保育士等が行うこれらの仕事は、すべて保育所保育指針（以下、保育指針）に書かれています。

　保育所での仕事の方向性を定めている保育指針は、児童福祉法に基づいて定められています。保育所という児童福祉施設についても、保育士という資格についても、児童福祉法に規定されています。保育所と保育士等の仕事の法令上の根拠は、児童福祉法にあるのです。

　児童福祉法第1条では、18歳未満の児童について、適切に養育されること、生活を保障されること、愛され、保護されること、心身の健やかな成長および発達、自立が図られることなどが保障される権利がある、と書かれています。

　これらの権利は、保育士等であれば「わかっている」ことかもしれません。しかし、児童福祉法第1条には「児童の権利に関する条約の精神にのっとり」という一節があります。児童の権利に関する条約（子どもの権利条約）の精神について、ここでざっとおさらいをしておきましょう。

　子どもの権利条約には、18歳未満のすべての子どもに保障されるべき権利について定められています（表1-1）。これらの権利は、すべての人が生まれながらにもっている基本的人権であり、日本国憲法の人権規定とも重なるものです。

　子どもの権利条約の中心には、子どもをこれらの権利の主体として認め、その権利を擁護していくという考え方があります。しかし、子どもは発達過程にあるので、子どもの能力の発達に合わせて、権利を制限したり、逆に促進したりすることも認められています。そして、そのときに判断の基準となるのが「子どもの最善の利益」です。子どもの**最善の利益**という言葉は、保育指針でも、児童福祉法でも使われています。

　大田堯（1997）は、子どもの最善の利益とは「子どもが幼くて、自分でものごとについての判断力を十分にそなえていないばあいを考慮して、その意図を責任あるものが代行するばあいの気くばりのありかた」であり、「子どもの身になっ

🔍 **参照**

児童福祉法第2条第1項、保育所保育指針第1章-1-⑴-ア、第5章-1-⑴

メモ

表 1-1　子どもの権利条約で定められている四つの権利

生きる権利	命を奪われることなく、健やかに成長する権利
守られる権利	あらゆる種類の差別や虐待、搾取から守られる権利 紛争下の子ども、障害をもつ子ども、少数民族の子どもが特別に守られる権利
育つ権利	教育を受ける権利、休んだり遊んだりする権利 さまざまな情報を得て、自分の考えや信じることが守られ、自分らしく育つことができる権利
参加する権利	自由に意見を表明したり、集まってグループをつくったり、自由な活動をする権利

出典：日本ユニセフ協会ホームページ　https://www.unicef.or.jp/sp/about_right/（2017（平成29）年11月1日閲覧）、米川（2015）をもとに作成

て考えるということ」であると述べています[1]。これは、単に大人の視点から「子どものためになるはず」と判断することではなく、子ども自身が自分で判断するとしたらどうなるかという視点をもつことが必要ということです。

　そして、そのような大人の判断を補うものとして、子どもの権利条約で特に強調されているのが、自分にかかわることについて意見を述べる権利（意見表明権）です。子どもに影響が及ぶことを大人が判断するときには、子どもの年齢や成熟に応じて、子ども自身の意見を聞きながら「最善の利益」を判断しなければなりません。これはそう簡単なことではありません。子どもとかかわり、子どもに関することを判断する際に、普段から意識し続ける努力が必要になります。

　児童福祉施設である保育所は、子どもの権利を守るための場所でもあります。保育をするということは、子どもの権利擁護への感覚を研ぎ澄ましていく努力をしていくことでもあります。そして、保育が子どもの人権に十分配慮したものになるように目を配ることは、保育所でマネジメントを担う職員の大切な役割といえるでしょう。

メモ

🫖 保育所と保護者支援

　2017（平成 29）年に育児休業、介護休業等育児又は家族介護を行う労働者の福祉に関する法律（育児・介護休業法）が改正され、育児休業の延長が最長 2 歳までになりました。延長の理由として、法令に「保育所に入れない等の場合」と示されているように、保育所の保育は子どもの保護者の就労を保障する性格をもっています。ですから、子どもの保育そのものが保護者の子育てに対する支援になっているといえるでしょう。

　しかし、出生率の低下と少子化、子育て環境の変化、児童虐待等が社会的に大きな問題として認識されるようになるなかで、保育所等に対してさらに幅広い子育て支援の役割が期待されるようになってきました。

　そのため、現行の保育指針の総則には、入所する子どもの保護者と地域の子育て家庭に対する支援も保育所の役割であることが明記されています。そして、保育指針の第 4 章は、全体が子育て支援に関する記述です。そこでは、子どもの生活と学びの場としての保育所の特性を生かして、保護者が子どもの成長に喜びを感じながら主体的に子育てができるよう支援を工夫していくことが求められています。

　保育指針には、子育て支援に関する内容に「**不適切な養育等が疑われる家庭への支援**」という項目があります。ここでは特に、保護者が育児不安を抱えている場合や児童虐待が疑われる場合の対応についてふれられています。

🔍 参照

保育所保育指針第
4 章 – 2 – ⑶

　子どもや保護者に虐待が疑われる様子がみられた場合、福祉事務所、児童相談所に通告することは国民の義務ですが（児童虐待の防止等に関する法律（児童虐待防止法）第 6 条）、特に児童福祉施設の職員、学校・医療関係者などは、虐待の早期発見に努めなければなりません（児童虐待防止法第 5 条）。この通告は「疑い」の段階で行うことができ、その場合には守秘義務の違反にはならないことになっています。緊急性が低いと思われる場合であっても、要保護児童対策地域協議会等でほかの機関などと役割分担をしながら、保育所としてできることを考えていかなければなりません。

　また、保護者への対応や通告にあたっては、2019（令和元）年の法改正で、「しつけ」のためであっても子どもに体罰を加えることが禁止されたことを踏まえて

メモ

おく必要があります。

　児童相談所で扱っている児童虐待の相談件数は増え続けています。児童虐待防止法では児童虐待を「身体的虐待」「性的虐待」「心理的虐待」「ネグレクト」の４種類に分類していますが、近年「心理的虐待」が多くを占めるようになってきています。これは、子どもの見ている前で行われる配偶者間暴力（面前DV）が虐待として積極的に通告されるようになってきていることの影響と考えられています。配偶者からの暴力の防止及び被害者の保護等に関する法律（DV防止法）では、DVの加害者が被害者につきまとったり周辺をうろついたりすることを「接近禁止命令」で禁止できることが定められています。この命令が出ている際には「子に対する接近の禁止命令」によって、被害者の未成年の子どもの周辺（例えば保育所等）に加害者が出没することも禁じられます。

　保育所における保護者の支援は、それによって子どもの生育環境がよりよくなることが大切です。しかし「子どものために」ということだけで、保護者に一方的に要求するような「支援」ではうまくいかないことも確かです。保育所での子育て支援は、子育ての主体である保護者と協力し合いながら、保護者が子育てで力を発揮できるような方向性を探っていくことが求められます。

保育の質の向上と保育所の職場環境

　保育指針「第1章　総則」の「3　保育の計画及び評価」では、保育の計画を作成し、保育の展開を記録し、振り返って評価し、保育の改善につなげていくことが書かれています。また、保育指針「第5章　職員の資質向上」では、研修の積み重ねを通した保育士の資質と専門性の向上によって、質の高い保育を目指すことの必要性が述べられています。

　しかし一方で、保育所の保育士等の就業時間の大半は子どもの保育に割かれ、その他のさまざまな業務を非常に限られた時間でこなさなければなりません。この問題は、保育士等の配置を決めている制度を変えていかなければ根本的には解決できませんが、限られた業務時間の使い方を工夫するには、個人の努力だけでなく、職場全体の組織的な取組みが必要になります。

　例えば、労働基準法の規定によれば、残業や休日出勤などの時間外労働をでき

補足説明
これらの方向性は、学校教育法、幼稚園教育要領、幼保連携型認定こども園教育・保育要領にも共通する。

メモ

るようにするためには、雇用者と被雇用者との間で協定を結ぶ必要があります。また、時間外労働には割増賃金を払わなければならないことになっています。それをせずに、時間外労働をさせることは違法です。もし賃金を払わない残業（いわゆる「サービス残業」）や、自宅への仕事の持ち帰りが日常的に行われている保育所があるとしたら、仕事の分担のあり方や職員の勤務体制について、保育所として改善に取り組み、違法状態を改善していかなければなりません。それは、違法の解消というだけではなく、保育の質を向上させる職場の環境づくりのためにも必要です。

　労働環境でいえば、ハラスメントの防止についてもさまざまな配慮が必要です。セクシャルハラスメント（セクハラ）の防止に関しては、雇用の分野における男女の均等な機会及び待遇の確保等に関する法律（男女雇用機会均等法）に定められています。直接的な性的言動は問題としてわかりやすいものですが、「男だから」「女だから」といった性別についての決めつけや固定的な役割概念が根底にあるような言動にも、互いに気をつけなければならないでしょう。また、職場で優位な立場にある人による相手の人格と尊厳を侵害する言動（**パワーハラスメント（パワハラ）**）も重大な人権問題であり、2020（令和2）年から施行される労働施策の総合的な推進並びに労働者の雇用の安定及び職業生活の充実等に関する法律（労働施策総合推進法）の改正で、事業主には対策を講じることが義務づけられました。

🔍**参照**

第5章第1節「パワーハラスメント」（113頁）

　人権の保障という観点からは、2016（平成28）年に施行された、障害を理由とする差別の解消の推進に関する法律（障害者差別解消法）の「合理的配慮」という考え方も学んでおかなければなりません。これは、障害をもつ人が社会生活を送るうえで何らかの対応が必要な場合に、当事者で話し合いながらできる範囲の配慮をしていかなければならない、というものです。障害があることがわかっている人が保育所で働くことは、それほど多くないかもしれません。しかし、得意や不得意は誰にでもあり、それをさまざまな配慮でカバーしながら仕事をしていくためのヒントを、「合理的配慮」の事例集などにみることができます。また、それぞれの同僚の得意分野を知って、それを発揮できるような仕事の分担などを提案することも、ミドルリーダーに期待したいところです。

　質の高い保育は、保育士等が元気に生き生きと仕事のできる保育所から生まれ

メモ

ます。その実現のためには、職員一人ひとりが互いの人格に敬意をもって接し、よい職場、よい保育を目指す意識をもつ必要があります。とりわけ、その中心となる中堅以上の職員は、ほかの職員と良好な関係を率先して結ぶとともに、職員同士の関係が円滑なものとなるように気を配ることが求められます。

≫ まとめの演習

保育のなかで「子どものため」と考えて行っていることを出し合いましょう。それらについて、表1-1に示す「参加する権利」として位置づけられた子どもの「意見表明権」を今以上に保障できる部分がないか、考えてみましょう。子どもの立場からもっと意見が出てきたとき、保育はどのように変わるのでしょうか。

_____

_____

_____

_____

メモ

- -

- -

- -

- -

- -

第 **4** 節　専門機関との連携・協働

この節のねらい

- 保育所の運営上かかわりの考えられる外部の専門家・専門機関にはどのようなものがあるかを確認する
- 外部の専門家・専門機関との連携が必要な場合に、具体的にどのようにしたらよいかを考える
- 外部の専門家・専門機関との連携のために、ミドルリーダーがすべき役割を理解する

> **演習**　あなたの勤務する保育所では、ふだんどのような場面で、どのような外部の専門家・専門機関と連携をしているか、書き出してみましょう。
> その他に「外部の専門家・専門機関と協力できればよいのに」と感じるような場面や状況があれば、書き出してみましょう。

🌱 保育士等の仕事の専門性と限界

　保育所で働く保育士等のほとんどは、子どもの保育をすることが仕事の中心と感じていることでしょう。さらに、保護者に対する子育て支援が保育士等の仕事であるということもわかっているはずですし、実際さまざまな支援を行っている

メモ

ことでしょう。

　しかし、例えば子どもが発達につまずきを抱えている場合、通常の保育のなか
で、その子どもにとっての最善の環境やかかわりを提供しきれないこともありま
す。また、子どもが家庭で不適切な養育を受けている心配がある場合、子どもに
対しても保護者に対しても、保育所だけでは適切な対応ができないこともありま
す。子どもや保護者が特に困難を抱えていなくても、日常の保育のなかで子ども
の安全を守るために保育所だけでできることには限界があります。

　今保育所に通っている子どもや保護者にとっては、保育所は生活の一部でしか
ありません。さらに、保育所を修了してからも、子どもや保護者の生活は続いて
いきます。大げさな言い方かもしれませんが、子どもや保護者の人生という大き
な物語のなかで、保育所とのかかわりは一つの場面にすぎません。そして、子ど
もや保護者の生活している地域社会の中の一つの要素として、保育所があるとい
う認識も必要です。

　そのように考えたとき、保育所の保育士等が子どもの最善の利益のためにでき
ることには限りがあるということを自覚しなければなりません。「保育所ではこ
こまでしかできない」という限界を見極めて、必要に応じて外部の専門機関に助
けを求める判断ができること、子どもの成長や保護者の子育てを支えるために地
域のほかの機関と連携しながら役割分担ができることもまた、保育士等の専門性
の大切な側面です。

　マネジメントを担う保育士等には、子どもの成長や子育てをサポートするため
に、職員同士の協力の中心となることが期待されます。そのうえで、必要に応じ
て外部の専門機関等と連携する可能性についても、常に頭に入れておかなければ
なりません。

保育所以外の専門機関等の役割と各種専門職

　保育と子育て支援に関連する保育所以外の専門機関や専門職には、どのような
ものがあるのでしょうか。主なものを表1-2に示します。

メモ

表 1-2　保育所以外の専門機関等の役割と各種専門職

専門機関等	保育所と関連する役割	関連する主な専門職等
医療機関	医療の提供、健康の保持（嘱託医、健康診査）	医師、歯科医師、看護師、臨床検査技師、理学療法士、作業療法士、言語聴覚士、視能訓練士、薬剤師、歯科衛生士等
市町村の保健福祉部門	保育所への入所、公立保育所の管理・運営、乳幼児健康診査等、子育て支援、監査	社会福祉主事、小児科医、歯科医、保健師、栄養士、心理士、歯科衛生士等
保健所	感染症や食中毒への対応	医師、保健師、栄養士等
児童相談所	障害児の判定、児童虐待、養護や行動上の問題を抱えた児童・家族への対応	医師、児童心理司、児童福祉司、保育士等
児童家庭支援センター	子どもと家庭に関する相談、要支援児童やその家庭、里親等への支援	社会福祉士、心理士等
児童発達支援センター、児童発達支援事業、障害児通所施設等	発達に心配のある子ども、障害をもった子どもに対する療育	児童指導員、保育士等
小学校、特別支援学校、社会教育施設	教育、幼児教育と義務教育の接続	小学校教諭、養護教諭、特別支援学校教諭、図書館司書（司書教諭）、特別支援教育コーディネーター、スクールカウンセラー、スクールソーシャルワーカー、学芸員、社会教育主事等
警察署、消防署	防犯、交通安全、防火、防災、救急搬送、虐待・DV対応等	警察官、消防士、救急救命士等
社会福祉協議会	地域福祉の推進	社会福祉士等

メモ

■医療機関

　保育所は嘱託医を置くことを定められていて、健診などで小児科医や歯科医が保育所を訪れることが多いので、保育士等にとってはなじみのある外部専門家といえるでしょう。小児科医は、子育て中の保護者にとってもたいへん縁の深い存在です。また、子どもが障害をもっている場合には、小児科医以外に児童精神科医、整形外科医などの専門医がかかわりをもつことがあります。

■市町村の保健福祉部門、保健所、児童相談所

　自治体によって組織や体制は異なりますが、各市町村には保健福祉領域の仕事を担当する部門があります。保育所への入所や監査、公立保育所の管理・運営などを担当する部署には、保育士の有資格者が配属されていることもあります。

　乳幼児健康診査には、小児科医、歯科医、保健師、栄養士、心理士、歯科衛生士などの専門職がかかわります。

　感染症や食中毒などの対応は、主に保健所が担当します。

　子どもの障害の判定や児童虐待、養護や行動上の問題を抱えた児童・家族への対応などで中心的な役割を担うのが児童相談所です。児童心理司、児童福祉司などのほか、一時保護所には保育士などの有資格者が配置されています。2022（令和4）年からは、医師、保健師、弁護士などの配置体制が強化されることになっています。

■児童家庭支援センター

　子どもと家庭に関する相談に応じ、子どもやその家庭が必要とする支援や保護のために、関係機関と連携して対応をする施設です。相談業務だけでなく、必要に応じて要支援児童やその家庭、里親等への支援なども行います。社会福祉士、心理士などが配置されています。

■児童発達支援センター・児童発達支援事業所、障害児通所施設等

　発達に心配のある子ども、障害のある子どもに対して、療育を行う場です。児童指導員、保育士などのほかに、言語聴覚士、作業療法士、理学療法士などの機

メモ

能訓練担当職員が配置されている場合があります。

■小学校、特別支援学校、社会教育施設

　保育所を修了した子どもたちが就学する義務教育の学校は、保育所保育指針（以下、保育指針）でもその連携・接続への配慮が求められています。学校には通常の教諭のほかに養護教諭（いわゆる「保健室の先生」）、図書館司書（司書教諭）などが配置されています。また、特別支援関連の専門知識や経験をもつ教員を配置している学校もあります。スクールカウンセラー、スクールソーシャルワーカーなどが配属されていることもあります。

Q 参照

保育所保育指針第
2章－4－(2)

　園外保育、体験学習、見学などで、図書館、博物館、動物園等の社会教育施設を利用することがあるかもしれません。これらの施設には、図書館司書、学芸員、社会福祉主事などの有資格者が配置されています。

■警察、消防

　警察、消防は、警察官、消防士、救急救命士などがいて緊急時に出動するだけでなく、虐待やDVへの対応、日常の防犯、交通安全、防火、防災、救急など情報の広報・普及活動なども行っています。

■社会福祉協議会

　すべての市町村、都道府県に設置され、全国組織もあります。地域の福祉関係者が参加し、地域の福祉を推進するための活動を行っています。保育の分野では、全国や地域ごとの保育協議会、保育士会などの組織の運営や事業（研究大会、研修会等）を支援したり、調査・研究活動を行っています。保育とかかわりの深い専門職員がいるわけではありませんが、福祉に関する情報が集まる場所でもあります。

メモ

🫖 地域における連携先の把握と日常的な準備や関係づくり

■保育所の安全、防犯、防火、防災など

学校などに刃物を持った人が侵入して死傷者が出た痛ましい事件や東日本大震災等の災害を受けて、保育指針に事故防止および安全対策など災害への備えについての内容が盛り込まれました。

保育所においては、いざというときの連絡先を確認しておくだけでなく、警察、消防、市町村の役所・役場などとの関係を日常的に築いていく必要があります。緊急時の連絡先や行動を職員間で共有するだけでなく、子どもと職員の安全・防犯・防火・防災の意識を育てるために、それらの機関と協力した取組みを保育に取り入れることが理想です。そのようなことを含め、保育について日常的に話し合うような職場の雰囲気をつくっていくことも、ミドルリーダーの役割といえるでしょう。

■健診、嘱託医、感染症・食中毒など

保育所には必ず嘱託医がいて、健診などを行っていることでしょう。保育中の事故や急病などに備えて、どのような場合にはどの医療機関に相談するかなど、地域の医療事情を確認しておく必要があります。また、その情報は保護者とも共有しておかなければなりません。

感染症や食中毒に関しては、多くの保育所で発生時の対応のマニュアルを備えるようになっています。保育所においては、厚生労働省より「保育所におけるアレルギー対応ガイドライン」(2019年改訂版)、「保育所における感染症対策ガイドライン」(2018年改訂版)が公表されています。これらのガイドラインを踏まえ、保育所ごとに工夫されたマニュアルを作成していると思いますが、どのような場合に、どこに連絡が必要かといった情報も、職員間でしっかり共有しておきましょう。

■不適切な養育

虐待など不適切な養育がある場合には、担任保育士等だけでなく、管理職も含

メモ

めた組織として対応することが原則です。状況に応じて児童相談所、市町村の保健福祉部門などに相談・通告するとともに、子どもや保護者に関する情報を保育士等の間で緊密に共有して対応する必要があります。子どもにとっては、保育所に通うことが文字どおり「命綱」となっている場合もあります。また、保育所が保護者にとって支援機関との数少ない接点になっていることも多いものです。そのことを踏まえ、地域の各機関が役割分担をしながら対応を考えていく必要があります。

■子どもの発達についての心配

療育機関などに通っている子どもの場合には、療育機関の担当者と可能な限り情報を共有して、子どもの支援に協力して取り組んでいく体制をとるようにします。療育機関などとつながっていない子どもについても、保育所でできる支援を考えるために、相談機関や療育機関の専門家に助言を求めることも有効な場合があります。いずれにしても、担任任せにせず、保育所全体でその子どもをどのように受け止めていくかを考えていくことが大切です。

■守秘義務など

外部の機関や専門家と連携をとる場合、管理職の判断を仰ぐことも大切ですが、子どものことを外部の専門家に相談するなどの場合には、保護者の了解を得ることが必要になります。ただし、虐待の相談・通告に関しては守秘義務の対象外となっており、仮に虐待の事実が確認されなかった場合でも、相談機関への情報提供が守秘義務違反に問われることはありません。

虐待や特別支援にかかわる対応については、保育所内でケース会議を開いて情報を共有したり対応を検討することもあります。しかし多くの場合には、保育士等が子どもの保育について語り合うなかで、外部の機関との連携の可能性を探っていくことになるでしょう。ミドルリーダーには、子どものことを日常的に話し合えるような雰囲気づくり、保育者集団として子どもや保護者をサポートしようとする職場の風土をつくっていくこと、連携できる外部の資源について率先して情報収集することなどが求められています。

メモ

>> まとめの演習

🌱 自分の職場での保育場面を振り返って、本節で紹介したさまざまな外部の専門機関と連携が必要なこと、連携の可能性があることについて意見を出し合ってみましょう。

_____

_____

_____

_____

🌱 子どもの発達や行動に気になる点がある、保護者が困難を抱えていて支援が必要である、感染症や災害などで緊急の対応が必要である、といった場面で、保育所が外部の専門機関としっかり連携をできるようになるために、若手の保育士等はどのようなことを意識したり経験するとよいでしょうか。

_____

_____

_____

_____

メモ

- -

- -

- -

- -

＜引用文献＞
1）大田堯『子どもの権利条約を読み解く―かかわり合いの知恵を』岩波書店、25 頁、1997
　年

＜参考文献＞
北川善英「子どもの人権と「子どもの最善の利益」－1」『横浜国立大学教育紀要』35、1995
年
厚生労働省都道府県労働局雇用均等室パンフレット「事業主の皆さん　職場のセクシュアルハラ
スメント対策はあなたの義務です!!」2015 年　http://www.mhlw.go.jp/file/06-Seisakujouhou-
11900000-Koyoukintoujidoukateikyoku/00.pdf（2017（平成 29）年 11 月 14 日閲覧）
内閣府リーフレット「「合理的配慮」を知っていますか？」　http://www8.cao.go.jp/shougai/
suishin/pdf/gouriteki_hairyo/print.pdf（2017（平成 29）年 11 月 14 日閲覧）
米川和雄『スクールソーシャルワーク実践技術』北大路書房、2015 年
全国社会福祉協議会ホームページ　http://www.shakyo.or.jp/index.htm（2017（平成 29）
年 12 月 10 日閲覧）

＜おすすめの書籍＞
岡田充弘『5 倍速で結果を出す　スピード×ダンドリ仕事術』明日香出版社、2018 年
加藤雅則『組織は変われるか――経営トップから始まる「組織開発」』英治出版、2017 年

メモ

リーダーシップ

保育所におけるリーダーシップの理解

この節のねらい ↑↑

- リーダーシップの重要性を知り、その考え方を学ぶ
- ミドルリーダーとして求められるリーダーシップを理解する

 「リーダーシップ」という単語から連想する言葉を、五つ書き出してみましょう。正解はありませんので、自由な気持ちで書いてみましょう。

 演習1で書き出した五つの言葉を隣の人と紹介し合い、共通点や相違点を見つけて書いてみましょう。

保育の質とリーダーシップ

　時代とともに子どもたちを取り巻く環境が変化するなか、保育所の役割は多様化しています。今後も進んでいく多様なニーズに応えるためには、一人ひとりの保育士等の資質を向上させ、保育の質のさらなる向上に向けた組織的な取組みが必要です。

メモ

保育士等がキャリアパスを見通すため、またリーダー的な人材を育成するための「保育士等キャリアアップ研修」において、マネジメント分野で新たに取り入れられたのが、本章で学ぶ「リーダーシップ」です。

教育に関連した実践の場では、リーダーシップの重要性が国際的に指摘されています（秋田他、2017、OECD、2018）。保育所においても、リーダーシップが保育の質に影響を与えることが、海外の実証的な研究によって明らかになっています（図 2 - 1）。

| 志向性の質：国や自治体が示す方向、法、規制 |
| 構造の質：物理的（園舎等）・人的環境（比率、資格、労働環境等） |
| 教育の概念と実践：国のカリキュラムや全体的な計画 |
| プロセスの質：環境、保育者と子ども等のやりとり |
| 実施運営の質：園運営　計画や実施・評価、研修等 |
| 子どもの成果の質：現在、将来の子ども達の資質の発達 |

構造の質	関連性	
	保育者と子どものやりとり	子どもの発達
職場の労働条件	未検討	未検討
質の高い養成教育と資格	正の影響あるいは影響なし	結果不確定
現職の研修と専門性開発	正の影響	正の影響
職場の経験年数	不確定	未検討

園の保育の質のなかでも、現職研修は保育のプロセス、子どもの資質の発達に有効であることが実証されている。「リーダーシップ」は、各要素の質を維持し、保育の質全体を底上げする機能をもつ。

参考：OECD, *Starting Strong Engaging Young Children*, OECD Publishing, 2018.

図 2-1 「保育の質」を構成する要素（上）と、質に有効と実証されている要因（下）

メモ

保育所ではさまざまな職種がチームになって保育にあたります。毎日のなかで起こる出来事や仕事の内容を、誰がどのように意味づけをするのかという点も、リーダーシップが関係します。「意味のマネジメント」と定義されるこの積み重ねは、保育所の雰囲気や保育の方向性に大きな影響を及ぼします。

　このように、チームとして保育所全体で保育の質を保障する際に欠かせないキーワードとなるのが、リーダーシップなのです。

　乳幼児期の保育の質は、生涯にわたって人間の発達や幸福度に影響するといわれています。保育の質を保障するためにはリーダーシップが極めて大切であると認識し、保育所全体をリードできる、専門的かつ実践的な知識を身につけていきましょう。

🫖 リーダーが支え合う組織へ

　保育所におけるリーダーシップの重要性を保育士等の方々にお話しをすると、「リーダーシップと私たち一人ひとりが行う日々の保育とは、関係がないと思っていた」「リーダーシップという言葉に対するイメージが変わった」などの感想が多く寄せられます。これはほとんどの人が、企業や行政官庁の組織のような「階層的リーダーシップ」をイメージするからではないでしょうか（次頁、図2-2左図）。

　このピラミッド型ともいえるモデルでは、カリスマ性や権威のあるリーダーが、あらゆる運営や計画においてトップダウンで指示を出し、ほかのスタッフがそれに従うことになります。職階は多くの組織に存在し、それが秩序維持や効果的な情報伝達のために機能します。ただし、職階とリーダーシップは同一ではありません。

　最近注目されているのが「分散型・協働的リーダーシップ」です（次頁、図2-2右図）。これは、組織のどこにでもリーダーシップが存在する（Raelin, 2005）という考え方です。適切な知識や専門の技術をもつ各リーダーが相互に意見を交わしながら主導し合える、階層のないモデルです（McDowall Clark & Murray, 2012）。

　このように職務範囲や機能ごとに専門的な内容に関する見識をもつリーダーが

メモ

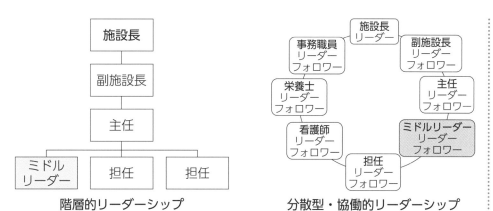

階層的リーダーシップ　　　　　　　　分散型・協働的リーダーシップ

図 2-2 「階層的リーダーシップ」と「分散型・協働的リーダーシップ」

　分散し、学び支え合える協働的な組織では、改善につながる変化や機会がとらえやすくなるため、挑戦する力をもつリーダーの出現率が高まります。それは組織のイノベーションにつながり、園全体にも活力を生むでしょう。今求められているのは、自覚や使命感をもったさまざまな領域のリーダーたちが、互いに可能性を引き出し合える、しなやかで応答的な関係づくりや組織づくりなのです。

　特にミドルリーダーは、園内の組織の各部門（年齢や担当）において、三つの調整やつなぎの大事な役割をしています。一つは、保育士と栄養士や看護師、事務職員など多様な専門職員をつなぐこと、また施設長や主任と若手など多様な世代のさまざまな経験レベルの保育士等の調整をすること、さらには保護者とのよい関係をつなぐ役割をしています（井庭他、2019）。それによって「人と人とを繋ぎ、信頼関係を築く役割」や「保育者の学び合いや園の変化を支える役割」を担っています。

　実際に、日本全国の園長と主任に対して行った調査結果（野澤他、2019）からは、園長の園全体の理念や方針等を示す部分でのリーダーシップに対して、主任クラスの人のリーダーシップにかかわる実践として、担任の保育計画や環境構成、かかわりという保育実践を支援し、専門性の向上を支えていることが示されています。園長と主任やミドルリーダーの各々のリーダーシップが分かちもたれ、それぞれがリーダーシップにかかわる取組みをよくしていることが、担任保育士等による保育実践の向上につながるといえます。

メモ

🫖 教育のリーダーシップ

　イギリスのイラム・シラージとエレーヌ・ハムレット（2014）によると、リーダーシップには四つの次元があるとしています。

　一つめは「方向づけのリーダーシップ」です。これは、共通のビジョンを構築し、効果的なコミュニケーションを図るものです。二つめは「協働的なリーダーシップ」で、職員間のチーム文化の活性化とともに、保護者の協働を促します。三つめは「エンパワメントする（他者を力づける）リーダーシップ」で、チームメンバーの主体性を引き出し、意識や行動のプロセスを変えていきます。

　特筆すべきは、四つめの「教育のリーダーシップ」です。これは、自分自身を省みながら、他者の学びもリードする存在を目指す学び手の文化を育むリーダーシップです。理想的なリーダーは、自他の実践のなかから自然に多くを学びます。そして、新しい情報や研修の後で保育所内の課題と照合し、自らの経験を踏まえた学びの内容を組織やほかの保育士等に還元することが期待されます。

　このように学びを組織の中心に据えて考えてみると、子どもや保育士等、さらに保護者など保育所にかかわるすべての人が熱心な探究心をもつきっかけになるかもしれません。人々が自立した生涯の学び手として生きていけるよう勇気づけ、エンパワメントする（力づける）組織や文化を育んでいく「教育のリーダーシップ」は、保育現場と子どもたちのその後の人生に、好循環を生み出す可能性を秘めているのです。

　実際に保育実践の場を想像してみると、四つのリーダーシップに配慮している場面や、それらを得意としリーダーシップを発揮している保育士等が思い浮かぶかもしれません。その内容を次元ごとに自分が経験した事例についてあげてみると、みなさんの所属する保育所がどのような特性をもっているのか、改めて気づかされるはずです。保育所の規模や歴史、創設の理念などによって内容はさまざまだと思いますが、一度情報を整理してみることをおすすめします。

　「分散型・協働的リーダーシップ」のモデルと「教育のリーダーシップ」の次元をかけ合わせた組織では、一人ひとりがリーダーでありフォロワーであると同時に、積極的な学び手の集合体となり得るでしょう。これらリーダーシップの考え方は、あくまでも大事にしてほしい価値観を示したもので、実施運営や人材管

メモ

理など、園長が行う実務的なマネジメントとは異なります。しかし、保育現場で効果的にリーダーシップを発揮しようとする場合、リーダーシップとマネジメントが車の両輪のように連結することが不可欠です。園長や副園長、そして主任保育士等の管理職と話し合いながら、よりよい保育に挑戦し続けられる魅力的な保育所の風土を育んでいきましょう。

ミドルリーダーシップの特徴

「保育士等キャリアアップ研修」では、質の高い保育を実現するために、保育士等の専門性を伸ばしながら、積極的に人や組織にかかわり動かしていける、実践的なリーダーの育成を目指しています。ここで示すリーダーというのは、園長や副園長、主任保育士等の管理職ではなく、「ミドルリーダー」と呼ばれる専門リーダーおよび職務分野別リーダーです。

最初のキャリアアップの過程では、①乳児保育、②幼児教育、③障害児保育、④食育・アレルギー対応、⑤保健衛生・安全対策、⑥保護者支援・子育て支援の6分野についての専門的な知識と経験を身につけます。そのうえで、園長や主任保育士等との連携の下、(1)方向づけのリーダーシップ、(2)協働的なリーダーシップ、(3)エンパワメントする（他者を力づける）リーダーシップ、(4)教育のリーダーシップの四つの次元を実現できるよう学んでいきます。

ミドルリーダーとして求められているのは、身につけた各領域や分野の知識や技能などの個人的な資質向上にとどまらず、自らリーダーとしての自覚や使命感をもって、ほかの保育士等への助言や指導を行える能力です。保育所内にいる多くのリーダーたちが互いの可能性を引き出し合い、それぞれが変化を主導する一員となるチームづくりのために、その能力を発揮してください。

教師教育で有名なハーグリーブスとオコナー（2017）は、協働的な専門集団としてのリーダーシップを考えたとき、「四つのB」が大切な要素になると指摘しています。ここではさらに、彼らの著書に着想を得て加筆した、日本の保育におけるミドルリーダーの強みとなる「四つのB」を紹介したいと思います。

最初のBは、「Before」です。ミドルリーダーは数年以上の経験者を想定しているため、自身が勤務する園の伝統や地域性、引き継がれてきた独自のやり方を

知っているはずです。それらの園の現状に至る「Before」を踏まえたうえで、現状や課題に取り組めるのはメリットといえるでしょう。

次のBは、「Beside」です。かたわらで話を聴くのに適任であるという強みです。悩みを抱えやすい若手保育士等と年齢が近いため相談しやすい雰囲気をつくりやすく、自身の経験もすぐに思い出せるので、より親身になれる可能性があります。

三つめは、組織のなかでの中間的な役割を果たす「Between」です。園長や主任保育士等の上司とほかの保育士等との間に心理的な距離がある場合、コミュニケーションが足りない部分を補うことや、自らがつながり、職員間の絆の結び目をつくる役割を担えるのもミドルリーダーの特性です。

四つめは、「Beyond」です。数年以上の経験をもつミドルリーダーは、所属する園の枠を越えて、新しい情報を収集する余裕や意欲が芽生える時期を過ごしています。保育所外で今後の保育に役立つ学びを得た場合には、その情報を自身の保育所にどのように、どの程度取り入れて活かせるかを判断し実行する能力も備わってくると思われます。その意味でミドルリーダーは、外部の風を保育所のなかに取り入れるチャンスを、ほかの人より多くつくり出せる存在であり、風通しのよさをつくる存在なのかもしれません。

具体的に、保育についての既成概念を見直していくために、どのようなことができるでしょうか。井庭他（2019）は、25名の副園長や主任から、保育の既成概念を見直してみる実践の知恵をインタビューして、「新しいワクワクを育んでいくこと」「仕事を長く続けていけるような工夫」「園のこれからをつくること」を行っていることを明らかにしています。

例えば「新しいワクワクを育んでいく」ためには、ワクワクする素材をいつでも収集しておいたり、魅力的な実践見学を準備したり、自分がこれまでできなかったような新たな試みをしてみようとされています。

一例として、次の2枚のカードを読みながら、自分自身を振り返り、具体的に自身の経験を話し合ってみてください（井庭他、2019）（写真2-1）。そこから、教育のリーダーシップとして具体的に何ができるかのヒントもみえてくるのではないでしょうか。

イノベーションし続ける組織では、ミドル層からの着想と活力が組織を活性化

メモ

No.19　　　　保育についての既成概念をつくりかえていく	No.20　　　　保育についての既成概念をつくりかえていく
ワクワクの素材	**魅力的な実践見学**

保育の素材や空間をコーディネートし、みんなのワクワクを引き出す。	すぐそばにある素晴らしい発想を園全体に広げていく。
子どもたちの想像力や創造性を育む園でありたいと考えています。	園内に、よい実践や面白い実践ができる保育者を増やしていきたいと考えています。
▼その状況において	▼その状況において
想像力をかきたてワクワクするような、製作や見立て遊びのための材料を、個々の保育者が準備することは、時間や労力の関係で難しいものです。	保育者は担任クラスを受け持つようになるとその運営に集中し、自分のクラス内のことばかりに意識が向いて、視野が狭くなってしまいがちです。
▼そこで	▼そこで
日頃から保育に使える素材を収集し、いつでも使えるようにまとめてストックしておき、子どもや保育者の発想を刺激します。	よい実践や面白い取り組みをしているクラスをピックアップして、他のクラスの担任保育者が保育時間中に見学したり、保育時間後にその保育環境を見ながら話を聴いたりして、学べるようにします。

出典：『園づくりのことばカード──保育をつなぐミドルリーダーの秘訣』クリエイティブシフト、2019年

写真 2-1　園づくりのことばカード

するといわれています。教育の現場でも、一方的に教わるこれまでの学習方法から、みんなで対話しながら学び合う新しい学習のあり方に関心が寄せられています。保育の現場も同様に、無限の可能性をもつ子どもたちに柔軟に対応するため、ミドルリーダーが活躍しやすい民主的な組織を目指す必要が出てくるでしょう。

　その際、みなさんは、園の文化を受け継ぎつつ若手保育士等にバトンを渡せる専門家であり、ほかの保育士等に具体的な助言をしながら、一緒に保育を行い、考え、学び合えるメンバーでもあります。あなたが主導していくリーダーシップが、園長など管理職のリーダーシップとは異なる形で、よりよい効果を生むことを期待しています。

メモ

🌱 第1節を終えて「リーダーシップ」という単語からイメージする言葉を、三つ書き出して比べてみましょう。そして、最初の演習1で書いたときの言葉と比べて、どのように変わったか、変わらないのか、なぜその言葉を書いたのか、理由を考えながら隣の受講者と話し合ってみましょう。

_____

_____

_____

_____

🌱 園が学び合う集団になるために、何を意識して取り組めばよいのかについて隣の受講者と話し合い、「学び上手になる心得3か条」をつくってみましょう。

_____

_____

_____

_____

メモ

- -

- -

- -

- -

- -

この節のねらい

- ・保育士等に助言や指導を行う際に必要な資質と行動を学ぶ
- ・ミドル層の課題から、リーダーシップの解決策を探る

演習
第1節の「教育のリーダーシップ」の項で学んだリーダーシップの四つの次元について、あなたが同僚に行っている具体的な行動を振り返り、分類してみましょう。

あなたが後輩や先輩に対して保育所のなかで具体的にやっていることを書いてみましょう

方向づけのリーダーシップ	協働的なリーダーシップ
私の保育所の工夫	
エンパワメントする(他者を力づける) リーダーシップ	教育のリーダーシップ

メモ

保育士等の成長プロセス

　ミドルリーダーはこれまでの経験を踏まえつつ、ほかの保育士等に対して保育現場や会議の場などで助言や指導を行える存在です。

　「保育の専門性についての調査」（全国保育士養成協議会、2013）では「保育者は、どの時期までに、どのような成長が求められると思いますか」との問いへの回答をまとめた調査が報告されています。結果を図式化したものが図2-3となります。この図をみてもわかるように、働きはじめて3〜4年を経過した頃から保育に向かう、より広範な態度が求められ、勤務5年以上になるとリーダーシップを期待されることが示されています。

　状況に合わせた保育とともに、保護者とも適切なコミュニケーションがとれるようになり、徐々に余裕が生まれる勤務3年以上の保育士たち。段階を追って獲得してきた専門性を活かし、伸ばしていく成長プロセスからみても、ミドル層は対人・対外的要素において、リーダーシップを発揮するのに適したタイミングといえるのではないでしょうか。

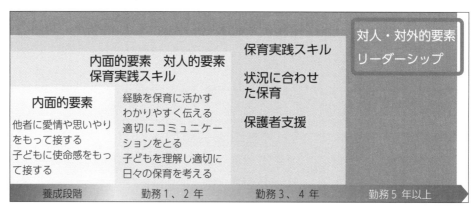

出典：平成25年度専門委員会課題研究報告「保育者の専門性についての調査」全国保育士養成協議会

図2-3　保育に向かう態度の獲得時期から考える保育者の専門性の成長プロセス

メモ

職員間をつなぐ役割

　天野他（2017）は、ミドルリーダーのリーダーシップと実践知についての調査を行っています。それは東京都内および近郊の公立と私立の幼稚園、保育所の主任保育士等20名と副園長3名に対してグループインタビューを行い、そこで語られた内容をまとめたものです。ここからはその内容をもとに、ミドルリーダーに求められる資質と具体的な行動を紹介していきます。ほかの園の事例を知り、より臨機応変な判断と対応ができるよう参考にしてください。

　詳細をみていく前に、まずはグループインタビューの方法について説明します。

　グループインタビューでは、表2-1に示した(1)～(7)までの役割の種類について、主任保育士等と副園長に優先順位をつけてもらいました。七つの役割のなかで上位にあげられたのが、表2-1の太枠で囲まれた(2)職員間をつなぐ役割、(3)人材育成の役割、(6)保育内容や実践に直接かかわる役割の3項目でした。

　それでは上位にあげられた役割の事例を、一つひとつみていきたいと思います。まずは、(2)職員間をつなぐ役割です。当然ですが、保育所内にはさまざまな年齢や経験をもつ職員たちがいます。性格や価値観も一人ひとり異なるでしょうし、経験年数によって保育への理解度とともに考え方にも変化があるかもしれません。

　特に若手保育士等と園長などの管理職では、その経験に大きな隔たりがあるため、管理職とそのほかの保育士等との間に心理的な距離が生じていないか、注意してみていく必要があるでしょう。また、保育士等相互の関係がギクシャクしていないかなども、主任保育士等ができるだけ早く気づくように心がけ、状況に応じてスムーズな関係づくりをとりもつなど、その架け橋となるようサポートするのが理想的です。このように保育所全体に好循環を生み出す役割は、ミドル層の保育士等のやりがいにもつながっています。

> 　いくつかに分かれた年齢層や経験層のなかで、ちょっと下の層からちょっと上の層には意見を出せる。一番下の層から経験豊富な層には意見を言いづらいけれども、ちょっと上の層にだったら伝えられるよね、というような関係をつくっている感じですね。

○(2)カテゴリー「同僚らの関係づくりの架け橋となる」に該当する私立保育所B先生の語り

メモ

表 2-1　主任のリーダーシップとして大事にしていること

役割の種類	カテゴリー
(1)自身の職務との対峙	自身の立場を自覚して行動、自己研鑽する等
(2)職員間をつなぐ役割	同僚らの関係づくりの架け橋となる、気軽に何でも話せる雰囲気や場をつくる等
(3)人材育成の役割	保育士等と実践について対話をする、保育実践を互いに見合う機会や研修で学びの機会をつくる、若手や新人が活躍できる場をつくる等
(4)職員の気持ちをケアする役割	職員の気持ちを察する、職員の話を傾聴する、労いの言葉をかける等
(5)保育士等との関係づくりの役割	若手保育士等の保護者対応のサポートをする、保護者に園の理念や保育方針を伝える等
(6)保育内容や実践に直接かかわる役割	子どもの遊びの豊かさを楽しむ、保育環境を整える、園の理念と保育実践をつなげて伝える、保育の実践アイデアをストックする等
(7)職員らの職務のマネジメント	職員のタイムマネジメントをする、職員の処遇について園長に意見を言う等

人材育成と保育環境の整備

　次に取り上げるのは、(3)人材育成の役割です。ここでは「若手や新人保育士等が活躍できる場をつくることを大事にしている」などの意見が聞かれました。

　保育士等一人ひとりの能力や経験に配慮しながら、それぞれが自信と責任をもって保育に取り組めるようはたらきかけることは、ミドルリーダーにとってつねに課題となっているでしょう。とりわけ経験が浅い若手や新人保育士等のキャリアアップの過程では、小さな成功体験や達成感が味わえる仕事環境の整備が、その後の成長を支える糧になるととらえられているようです。

メモ

　少しがんばれば、成功体験ができるように心がけています。タイミング的にうまくいかなかったり、逆効果になってしまうこともあるので、つねに先生たちのことをよく把握することが大事です。

○(3)カテゴリー「若手や新人が活躍できる場をつくる」に該当する私立幼稚園 C 先生の語り

　最後に紹介するのは、(6)保育内容や実践に直接かかわる役割です。保育実践の場では、子どもたちの好奇心を刺激する遊具や用具、教材との楽しい出会いが、さまざまな発見や体験への入口となります。その大切さを理解しているからこそ、次のような保育環境の整備を重視したいという意見が出たものと思われます。

　また、カテゴリーに記載されている「園の理念と保育実践をつなげて伝える」「保育の実践アイデアをストック（備蓄）する」行動などを通して、保育所全体としての意見を求められるようになる喜びや、行事後に子どもたちや保護者の反応がよかったうれしさを味わうミドル層も少しずつ出てきます。

　保育士が子どもたちと接するなかで、「今こういうことが必要かな」と感じるものは、そろえておきたいと思っています。子どもの発想が広がるなかで、急に「これが必要かも」という教材や素材が出てくると思うんです。だからなるべくそろっている状態を整えておきたいですね。

○(6)カテゴリー「保育環境を整える」に該当する公立保育所 F 先生の語り

　この調査からは、経験年数によっても大事にしている役割の違いがあることも示されています（野澤他、2017）。主任経験 0 〜 3 年目では、「職場の雰囲気づくりや園長等管理職との橋渡し」と同時に「実際にクラスの様子をみる、一緒に考える、保育を一緒にすることで実践を支える」という語りが特徴的で、ほかの保育士等と近い立場で関係性を築こうとしている様子がうかがえました。また、4 〜 8 年目くらいでは、「職員の得意・不得意を把握したうえでの職務分担、勤務体系の把握・工夫や非常勤職員への配慮」などを行うというように、主任経験を積むにつれ、個々の職員との関係性のみならず、園全体の組織運営や体制を考慮したリーダーシップがより重視されていました。

　そして 10 年くらいを超えると、園の理念や保育の質の向上、保育士等の専門性向上を意識し、課題意識をもち、自らを含めた職員の資質向上に、より一層目

メモ

を向けるようになる語りが認められました。

経験年数だけでは一概にいえませんが、それぞれの時期におかれた状況のなかで自らのよさを発揮して、ミドルリーダーとしての役割を果たすのが大事といえるでしょう。

ミドルリーダーの課題

ミドルリーダーが役割を実行する際には、さまざまな課題が顕在化すると予想されます。ここでは、ある地区で行ったキャリアアップ研修であげられた五つの課題をもとに、その対策について探っていきたいと思います（秋田、2018）。

一つめは、業務量の多さにより時間の確保が難しく、ほかの保育士等への配慮が足りないと感じているという課題です。「クラス担任をしていることで、自分の仕事が中心になり、周りを見ることがむずかしい」という保育士等の声からは、責任感の芽生えとともにもどかしさが読み取れます。チームとして協働の時間を生み出すためには、マネジメントの力が不可欠です。これは、園長や副園長、主任保育士等の管理職が主導していくべき課題ともいえるでしょう。

二つめは、職員同士の関係性を支える風土の問題です。「言いにくい、どうせ言っても変わらない、というように同僚が不満ばかりを口にする」。この意見が象徴するように、ネガティブサイクルからポジティブサイクルへの転換を図らなければ、効果的なリーダーシップは発揮できません。視点をほかのクラスに向けたうえで対話をしてみたり、情報交換だけではない対等な意見交換を促す雰囲気と機会の提供を意識的にしていきましょう。それらの小さな行動の積み重ねが、いずれは一人ひとりの意識に浸透し、専門知識や技能、そして考え方を活かせる創造的な組織づくりへとつながるはずです。

三つめは、「職員間でもさまざまな考え方があるので、共通理解というところでむずかしい」ことです。この状況を解決するには、「話し合いから、聴き合いへ」と導くリーダーシップが有効です。共有は、能動性ではなく受容性によって生じます。聴き合う、つまり相手の意見を受け止め合えれば、「保育士一人ひとりの考えや思いも大切に取り入れながら、みんなでつくりあげているという気持ちや意欲が高まるようにしていきたい」というミドル層の望みも実現へと向かうで

メモ

- -

- -

- -

- -

- -

しょう。

　四つめは、多様な人々が生き生きと働ける環境を整備できているかという課題です。「職員の能力や年齢などを配慮し、そのメンタルのケアに努め、職員一人ひとりが有意義に仕事に取り組めるようにしたい」「得手不得手を把握する必要があり、把握したうえでどこまで任せるのかの見極めや、確実に伝わる伝え方をするむずかしさをつねに感じている」などの意見が上がっています。互いに補い合い連携し合える土壌を、日々の保育で地道に培っていきましょう。

　五つめは、「現状維持のみで、あまり創意工夫をしていないのではないか」といった悩みを、ミドル層がもちやすいという課題です。しかし、こうした感覚こそリーダーシップが育っている証ともいえるのではないでしょうか。少しずつでも創意工夫を実行しながら、その見える化によって自信をつけていくとよいでしょう。

　ここにあげた五つの課題は、一度に解決できるものではありません。焦らずに時間をかけてやり抜く姿勢や、前向きでしなやかな対応力を大切に、ゆるやかかつ確かな改善を目指して取り組んでみてください。

メモ

🌱 (1)自身の職務との対峙、(2)職員間をつなぐ役割、(3)人材育成の役割、(4)職員の気持ちをケアする役割、(5)保育士等との関係づくりの役割、(6)保育内容や実践に直接かかわる役割、(7)職員らの職務のマネジメントの七つの項目のなかで、あなたが大事にしているものは何ですか。順位をつけてみましょう。

_____

_____

_____

🌱 以下の意見をどう感じますか。隣の受講者と話し合ってみましょう。

> よりよい保育はもちろん、よりよい運営や環境についても、気がついたことは積極的に話題にしたり、形にしていきたいです。けむたがられるときもありますが、「よりよい」を大切にするためには何より必要なことだと感じます。

> 各クラスの様子を見に行き、子どもとかかわることで、クラスの話題や大変さなどを理解し、一緒に考えていくことが大事だと思います。なぜなら、机上の空論では信頼関係は築けないし、子どもとかかわることでエピソードを共有できると感じるからです。

○ミドルリーダーへのグループインタビューより引用（野澤他、2017）

_____

_____

_____

メモ

- -

- -

- -

- -

- -

第 **3** 節　他職種との協働

この節のねらい

・保育士等以外の同僚職員との情報共有を図り、関係をよくする

・外部の専門機関や施設の機能を理解し、活用できる仕組みをつくる

演習 1　保育士等以外の同僚との情報共有や意見交換がどのように行われているか、コミュニケーションの流れを下の図に書き込みながら話し合ってみましょう。

あなたの所属する保育所におけるコミュニケーションの流れを書いてみましょう。線の太さでコミュニケーションの量を、矢印の向きで方向を意識して、どんな会話がどのような方向に流れているかを線で書いてみましょう。

園長

0、1、2歳児
保育士等

あなた

3、4、5歳児
保育士等

副園長
主任

その他の職員

出典：今井和子編『主任保育士・副園長・リーダーに求められる役割と実践的スキル』ミネルヴァ書房、2016年を参考に作成

メモ

演習 2 外部の専門機関などと連携する際、誰がどのような事案を担当するのかを思い出してみましょう。

保育所内の信頼を育む

　演習 1 や演習 2 の問いについて「ルール化していなかったのでハッとした」という人もいるのではないでしょうか。本節では、ふだん確認がおろそかになりがちな、保育所内での保育士等以外の職員との関係づくりや、保育所外の子育てにかかわる専門機関や施設との連携について考えていきます。

　保育所内には保育士等だけでなく、さまざまな職種の人たちが働いています。給食やおやつをつくる栄養士や調理師、保育所内にある設備の修繕など環境整備を担う用務員、子どもの発熱やけがなど健康と安心を見守る嘱託医や看護師も、ともに保育の現場を支える一員です。それぞれの立場や専門性を尊重し、多様な視点を取り入れて意見交換を続ければ、よりよい保育が実現できるでしょう。

　しかし、上記の他職種のなかには、保育所に常駐していないなど、勤務時間や形態が保育士等と異なる人もいるため、情報共有や意見交換の機会が十分でないケースが少なくありません。保育所内での協働を推進するためには、円滑な職種間コミュニケーションが不可欠だと理解し、園長や主任保育士等と相談しながら改善を促すことも、ミドルリーダーの役割の一つといえます。

　まずは、これまで保育所内の情報共有や意見交換がどのように行われてきたのか、その方法を振り返り、職種間コミュニケーションが不足していると感じる場合は、写真の活用やミーティングの工夫など、保育所の特性に適したルールづくりを検討してみましょう。すぐに着手できないときは、ひとまず職場全体で過去の課題を共有するだけでも意識が高まり、改善のきっかけになるかもしれません。

　「協働」のメリットは同じ目標を職員全員で共有できることと、スムーズな協力体制が育まれることです。同じ目標に向かって仕事を行う同僚や関係者間の関

メモ

係性を「同僚性」と呼びます。リトル（1990）は、この同僚性の質には 4 種類あることを指摘しています。

　まずは「物語を語る、情報伝達」という、どちらかがどちらかに情報を提供してはそれを受け取るという関係です。あるいは「援助・手助け」です。相手が困っているときにそれに対して手を差し伸べるという関係です。さらにそこから深まると「共有」になります。情報だけではなく過程を共有することで、ある出来事の物語を共有したり、そこから生まれる感情を共有します。そして、さらに「一緒の仕事」として目標に対して何か成果が生まれる過程を協働し、自分たちで達成したというような集団としての達成感を得るような仕事です。

　あるテーマについて他職種の同僚とも語り合える場所や機会を設けるなど、協働の基盤となる信頼を育む仕組みを保育所全体で構築し、そしてそこから互恵的に協働し学び合う関係をつくり、子どもの育ちの喜びを共有していけるような仕事を一緒にしたという信頼関係を築いていくことが求められています。

保育所外の関係づくり

　日常生活の延長にある保育現場は、病気などにかかわる医療機関のほか、防犯や防災について啓蒙活動を行う警察や消防、卒園後の子どもたちが通う小学校や児童館など、地域のさまざまな機関や施設と密接につながっています。

　また、子どもを見守るなかで発達や障害の心配、不適切な養育や虐待の可能性が見受けられたら、子どもの健康維持や安全を確保するために最適な策を講じなくてはなりません。保育所だけで対応しきれないときには、保育所外の専門機関や市町村の相談窓口を巻き込む事態も出てきます。

　緊急時には迅速な対応が予想されるので、保育所内で誰がどのような内容を担当するのか事前に決めておく必要があるでしょう。同時に、それぞれの機関にどのような役割があり、どの機関と連携すればよいのか、さらに連携先の窓口や担当者名などを把握しておくことも重要です。連携が想定される保育所外の専門機関については第 1 章で紹介しています。いざというときに備えてそれぞれの機能を理解し、良好な関係づくりに努めましょう。

　特に児童発達支援センターのほか、児童相談所や福祉事務所への対応について

Q 参照

第 1 章 第 4 節 表 1－2「保育所以外の専門機関等の役割と各種専門職」（21 頁）

メモ

は、日常的に職務分担や権限の範囲、またその後の情報共有の流れについて話し合いをもち、行動マニュアルなどを作成しておくことをおすすめします。

🫖 地域資源の相互活用

　最近では、保育所が地域にとって開かれた存在となるために、公的施設や人材などの資源を相互に活用し合う取組み事例も多くみられるようになりました。

　例えば図書館では、保育所への団体貸し出しを行っていたり、子どもたちへの読み聞かせに適した絵本リストの支給をしたり、保育士等を対象とした読み聞かせ講習会を開催しています。図書館と保育所の職員同士が、読み聞かせ会のスタッフとして行き来して、さらに交流を深めていくケースもあるでしょう。また、地域の公民館や子育て支援施設で開かれる「子育てサロン」に保育士等を派遣したり、老人会やNPOと連携してボランティアを募り、保育所の園庭整備を子どもたちと一緒に行うなどの多世代交流も考えられます。

　地域にある公的資源を活用したり、保育所を社会資源として地域に開放することは、子どもたちにとっても保育士等にとっても、経験を広げ、新しい発見が生まれる機会になります。まずは互いの活動を知り、交流を深めながら、どのような展開ができるのか模索してみましょう。特に近年では、保護者もまた地域にある資源をよくわかっていないことも多くあります。保育士等が積極的に、地域にある子どものための資源を活用し、その情報を保護者とも共有していくことが、保育をより豊かなものとすることにもつながります。

　最後に、保育所内の他職種との協働や保育所外の公的機関などと連携する際、互恵的な関係を築くうえで意識してほしいことを四つあげます。これらを参考にしながら、保育所内の体制づくりに積極的に取り組んでください。

> ①子どもを中心とした課題や大事にしたい価値を明確かつ具体的にして共有する。
> ②特定の事態に対して、協働して一緒に意思決定や判断を行う。
> ③取組みの成果を共有し、振り返り、評価を行う。
> ④継時的に報告や連絡を取り合うことで、相談しやすい状況をつくる。

メモ

≫ まとめの演習

🌱 児童発達支援センターおよび要保護児童や要支援家庭への対応について、保育所内のルールを確認してみましょう。

_____

_____

_____

_____

🌱 保育所のために公的施設などの地域資源を活用したり、逆に保育所を社会資源として活用してもらうために、どのような試みが可能なのか話し合ってみましょう。

_____

_____

_____

_____

メモ

- -

- -

- -

- -

- -

＜参考文献＞
秋田喜代美・淀川裕美・佐川早季子・鈴木正敏「保育におけるリーダーシップ研究の展望」『東京大学大学院教育学研究科紀要』第 56 巻、283 〜 306 頁、2017 年
秋田喜代美「園リーダーシップを育む　第 3 回」『全国認定こども園協会会報 31 号』2018 年
天野美和子・野澤祥子・宮田まり子・秋田喜代美「主任保育者のリーダーシップに関する経験知の検討⑴　グループインタビューにおける語りの分析」『日本乳幼児教育学会第 27 回大会論文集』2017 年
Hargreaves, A. & Conner, O., *Collaborative Professionalism;When teaching together means learning for all*, Corwin Books, 2018.
井庭崇・秋田喜代美編著、野澤祥子・天野美和子・宮田まり子『園づくりのことば──保育をつなぐミドルリーダーの秘訣』104 頁、丸善出版、2019 年
I. シラージ・E. ハレット、秋田喜代美監訳・解説、鈴木正敏・淀川裕美・佐川早季子訳『育み支え合う保育リーダーシップ──協働的な学びを生み出すために』明石書店、2017 年
ジリアン・ロッド、民秋言訳『保育におけるリーダーシップ──いま保育者に求められるもの』あいり出版、2009 年
Little, J., 'The Persistence of Privacy: Autonomy and Initiative in Teachers? Professional Relations', *Teachers College Record*,91.509-536, 1990.
McDowall Clark & Murray, J., *Reconceptualizing Leadership in the Early Years*, Maidenhead: Open University Press, 2012.
野澤祥子・天野美和子・宮田まり子・秋田喜代美「主任保育者のリーダーシップに関する経験知の検討⑵　リーダーシップスケールとの関連の分析」『日本乳幼児教育学会第 27 回大会論文集』2017 年
野澤祥子・淀川裕美・佐川早季子・天野美和子・宮田まり子・秋田喜代美「保育におけるミドルリーダーの役割に関する研究と展望」『東京大学大学院教育学研究科紀要』第 58 巻、387 〜 416 頁、2019 年
OECD, *Starting Strong II：Early Childhood Education and Care*, OECD Publishing, 2006.
OECD, *Starting Strong Engaging Young Children*, OECD Publishing, 2018.
Raelin, J. A., 'We the Leaders: In Order to Form a Leaderful Organization', *Journal of Leadership and Organizational Studies*, 12 ⑵, 18-30, 2005.
全国保育士養成協議会専門委員会編『「保育者の専門性についての調査」：養成課程から現場へとつながる保育者の専門性の育ちのプロセスと専門性向上のための取り組み』2014 年

＜おすすめの書籍＞
秋田喜代美『リーダーは保育をどうつくってきたか──実例で見るリーダーシップ研究』フレーベル館、2018 年
今井和子編『主任保育士・副園長・リーダーに求められる役割と実践的スキル』ミネルヴァ書房、2016 年
矢藤誠慈郎『保育の質を高めるチームづくり──園と保育者の成長を支える』わかば社、2017 年

メモ

第 3 章

組織目標の設定

組織における課題の抽出
および解決策の検討

この節のねらい

- 所属する保育所が大切にする理念や方針を共通理解する場を設定できる
- 自己課題と組織の課題を関連づけて考える職員を育てることができる
- 一人ひとりの職員が当事者意識をもって課題をとらえ、ほかの職員と協力して解決策を検討する流れをつくることができる

演習1　あなたの勤務する保育所が大切にしている理念や方針をどのように保育実践に活かしているか、具体的な事例を出して、グループ内で話し合い、共有してみましょう。

演習2　保育所の理念を実現していくための課題を具体的にあげて、共有してみましょう。

なぜ「課題」なのか

　皆さんは「課題」という言葉を聞いて、どのようなことを思い浮かべますか。「課題」を辞書で引くと「解決しなければならない問題」[1]と説明されています。

メモ

_____

_____

_____

_____

_____

さらに「問題」を引くと「困った事柄」[2]となっています。私たちは、困った事柄が起こると、どうにか解決したいと考え、課題を設定するということです。

　このときに「誰が困っているのか」「なぜ困っているのか」「本当に解決しなければならない問題なのか」等を考えないまま課題解決の取組みをスタートしてしまうと、方向性が定まらず、時間ばかりかかってしまいます。

　例えば、A保育士は「自分の意見ばかり言って、保育士の言うことを聞かない子どもが多くて困っている」と訴えました。しかし、同じクラスを担当するB保育士は「自分の意見をしっかり言える子が多くて、明るく元気でとてもいい」と言っています。同じクラスの子どもたちをみていても、課題とする姿には違いがみられます。

　これは、保育所の理念や方針が共有されておらず、個々の保育士等の個人的な価値観（好き嫌い）で課題（困った、困らない）を決めている状態といえるでしょう。もちろん、保育士等一人ひとりの子ども観や保育観に違いがあるのは自然なことです。自分自身が大切にしたいことは尊重されるべきでしょう。ですが「私は私、あなたはあなた、好き勝手に保育していい」というわけにはいきません。言うまでもなく、保育所は組織的に協働する場です。保育観には違いがあって当たり前の保育士等が、何を目指して保育していくかを共通理解するためのよりどころとなるのが、保育所の理念や方針ということになります。

　保育所の理念や方針の共有化を図るのは、保育所として目指すべき方向性を明確化し、「課題」（解決しなければならない問題）を抽出するための土台づくりにつなげる必要があるからです。その土台の上で、保育所として目指すべき方向性に向けて進捗しているかどうかを検討することで、課題が明確になっていきます。

組織（保育所）としての課題とは

　保育所保育指針（以下、保育指針）の「第5章　職員の資質向上」では、保育所職員に求められる専門性として「各職員は、自己評価に基づく課題等を踏まえ、保育所内外の研修等を通じて、保育士・看護師・調理員・栄養士等、それぞれの職務内容に応じた専門性を高めるため、必要な知識及び技術の修得、維持及び向

メモ

3

組織目標の設定

55

上に努めなければならない」と書かれています。職員の資質向上は、「自己課題」（自己評価に基づく課題）の解決に一人ひとりの自覚と責任をもって取り組むことが基本となります。しかし、個人の対応だけでは限界があり、日々目の前の保育に追われているなかで、組織（保育所）としての課題を見出す広い視野をもつのも難しいものです。

そこで保育指針では、保育の質の向上に向けた組織的な取組みとして、「保育所においては、保育の内容等に関する自己評価等を通じて把握した、保育の質の向上に向けた課題に組織的に対応するため、保育内容の改善や保育士等の役割分担の見直し等に取り組むとともに、それぞれの職位や職務内容等に応じて、各職員が必要な知識及び技能を身につけられるよう努めなければならない」としています。

ミドルリーダーには、職員一人ひとりの「自己課題」が基盤となり「組織（保育所）としての課題」が見出され、組織として対応することによって保育所全体の保育の質の向上が図られるプロセスを促す役割が求められるのです。

🫖 課題はどのようにして抽出するのか

ミドルリーダーの立場であれば、保育現場の感覚をもちつつ、少し離れて視野を広げ、客観的に保育所の理念や方針に沿って保育の質の向上につながっているか否かという組織的な課題を見出す目が求められます。園長、主任ともつながり、その意向を聞く機会も出てきます。しかし、ミドルリーダーの立場だからこそみえてきた課題を、そのまま上意下達的にほかの職員に伝えるのは考えものです。

なぜなら、いきなり「組織（保育所）としての課題」といわれても、多くの保育士等は戸惑うことが多いからです。日々忙しく目の前の保育に追われているなかで、組織全体の課題に関するイメージはもちにくいものです。さらに、上司から言われてやらされていると感じると、自分のなかから見出した課題ではないため当事者意識が薄く、やる気も起こりません。上の立場の職員だけが熱くなり、下の立場の保育士等は冷めているという温度差が生まれるのです。

そこで、まずは自分の身近に感じている課題をできるだけ多くあげてもらいましょう。このことで、課題は自分にも関係のあることだととらえることができ、

メモ

当事者意識が生まれます。課題を抽出するときには、次のポイントがあげられます。

■取組み当初（課題を出すことへの抵抗感の緩和）

最初から「課題を出してください」だけだと、「あなたの今までの保育には課題がある」と否定されている気持ちになる場合があります。これではモチベーションが上がりません。はじめは、「成果（今までの保育のよさ、理念や方針実現のためにできていることの確認）」を上げることから始めるとよいでしょう。その後で課題について考えてみると、保育士等としても抵抗感が少なく、バランスよく現状を把握することにつながります。慣れてくると、このよさの確認は短時間で済ませ、課題抽出を中心に行います。

また、意見を出すこと自体に抵抗感がある場合は、話し合いをするグループの構成を工夫します。できるだけ少人数にしたり、同じような経験年数の保育士等を集めたりすることで緊張感が薄れ、意見を出しやすい雰囲気がつくられていきます。

■目を向けてほしい課題（焦点の絞り方）

単に「課題を出してください」と言われても、大きく抽象的なテーマ（「子どもの主体性をどう育てるか」等）であればあるほど、何を出してよいのかわからない場合があります。みえる（みえやすい）課題とみえない（みえにくい）課題があり、そのような課題をみえる化し、整理していくことが必要となります。みえる化、焦点化するためには、次のような方法があります。
① 場面を限定する
・修飾詞をつける…片づけでの（時間）、園庭での（場所）、5歳児としての（年齢）「子どもの主体的な姿」 等
② 事例を基にしたカンファレンス
・事例の具体的な場面を基にして考えることができる。
③ ビデオを基にしたカンファレンス
・実際に見て聞くことでイメージしやすく、何度も見返して確かめることもできる。

メモ

----

④ 講演の実施、外部講師・園外の保育士等を交えた話し合い
・園内の保育士等だけでは出てこない新たな視点や情報を得ることができる。
⑤ 図式化
・KJ法などで課題と解決策を整理し、さらに図式化して共有する。

課題解決のプロセス

■定例会議

　あまりに先のことを話し合っても、保育士等一人ひとりが課題解決の必要性を実感できません。逆に、急に言われても準備が整いません。さらに、保育士等が多忙な時期には長時間の会議自体が難しくなります。例えば、年間計画を踏まえ、ゴールからの逆算思考で、どの時期にどのような話し合いが必要なのかを位置づけるなどの工夫をする必要があります。

　1年間の流れとしてある程度自動的に決まってくる課題については、定例会議の議題として年間計画を示し、担当者を決め、審議事項の発案、進捗や結果についての報告を求めていくことが大切です。全体で話題にすることで、意識づけも行われます。

■臨時会議

　定例会議とは別に、事故や疾病対応等、臨時に会議をするような課題が突発的に発生する場合があります。臨時なので、短時間の開催、正確な情報収集・共有、組織としての迅速な対応の決定が必要となります。

■日々の小グループによる課題解決

　全体の職員会議ではなく、日々行われる小グループ（クラス内、年齢別等）による組織的な課題解決への取組みは、保育の質の向上プロセスの基本です。ミドルリーダーは、自分の担当するグループの取りまとめ、ほかの小グループとの連携、一人ひとりの保育士等と園長、主任等をつなぐパイプ役となり、課題解決に取り組みます。保育所全体で話し合うことは、適宜会議の内容に位置づけていき

メモ

ます。

■組織的な課題解決策の検討

　課題を表面的にとらえ、背景や根本的な原因を掘り下げないと、ズレた解決策になります。例えば、「子どもが話を聞かない」ことを課題にあげ、原因を「話を聞かない子どもがよくない」とした場合、解決策は「話を聞かない子どもにしっかり注意する」ことになるかもしれません。より多様な視点から考え、みえにくい背景や根本的な原因を考える必要があります。落ち着かない環境になっていないか、保育士等の話し方、子どもが疲れたときに話していないか等、考えればきりがありません。一人だけではなかなか視野も広がらず、よい解決策も浮かびません。だからこそ、組織として課題解決に取り組むことが必要となるのです。

■建設的な課題解決

　課題の原因を探るうちに、うまくいかない、失敗したことの犯人さがしに終始する雰囲気が出てくるかもしれません。責任の所在を明確にすることは必要ですが、罰することが目的ではありません。課題解決の方法も「〜しない」というマイナスの表現ではなく、「〜のために（理由）、〜する（具体的な行動）」としたほうが建設的なものとなります。組織的な学びを前向きに次に活かすことを目指します。

メモ

右側余白

≫ まとめの演習

🌱 「行事の進め方（運動会、発表会等）」をテーマにして話し合い、前年度か
　らの引き継ぎ、会議への位置づけ、準備・当日・振り返り、次年度への活
　かし方、日々の保育と行事のつながり、保護者との連携等の流れについて、
　その工夫や改善してきていることを話し合いましょう。

_____

_____

_____

_____

メモ

第 2 節　組織目標の設定と進捗管理

この節のねらい

・「目的」を踏まえた「目標」の設定ができる

・組織の目標のとらえ方、考え方をつかむ

・目標の設定方法を知る

・目標達成のための取組みや進捗管理ができる

演習1
①あなたの勤務する保育所の歴史（過去）を振り返り、②現状と課題を書き出し（現在）、③どのような保育所になっていきたいか目標を書いてみましょう（未来）。

①勤務する保育所の歴史（過去）
例：家庭とのふれあい、自然体験を大切にしてきた。

②勤務する保育所の現状と課題（現在）
例：核家族が増え、忙しく、保育所と家庭のつながりが薄れがち。

③勤務する保育所の目標（未来）
例：保育所が取り組んできた自然体験を活かして、保護者が保育所の活動に参加したくなるような取組みを工夫する。

メモ

演習2 演習1であげた目標を「緊急度と重要度」で分けて書き込み、整理してみましょう。

高い　↑　重要度　↓　低い	緊急ではないが将来的に重要 ※長期的視野、計画的土台づくり	緊急かつ重要 ※すぐに取り組む、選択と集中
	緊急ではなく些細 ※延期、中止、縮小、外部委託	緊急だが些細 ※隙間時間利用、効率優先

低い　←　緊急度　→　高い

目的があって目標がある

　「目標」を設定するためには、その前に「目的」をしっかりともつことが大切です。「目的」も「目標」も、「実現しようとして目指す事柄」という意味では同じですが、「目的」は抽象的で長期にわたる目当てであり、内容に重点を置きます。対して「目標」は、具体的に目指す地点・数値・数量などに重点があります[3]。

　何のために（理由）何を目指すのか、つまり、「目的」に向かって「目標」が設定されるということです。乳幼児期にふさわしくない目的（訓練的に勉強してできることだけを目指す等）、保育所としてふさわしくない目的（利益を上げ保護者受けだけを目指す等）を掲げると、関連して目標もふさわしくないものになります。保育所保育指針が掲げる目的と目標をしっかりととらえる必要があります。

メモ

> **目的** 保育を必要とする子どもの保育を行い、その健全な心身の発達を図る

- ・入所する子どもの最善の利益を考慮し、その福祉を積極的に増進することに最もふさわしい生活の場
- ・子どもが現在を最も良く生き、望ましい未来をつくり出す力の基礎を培う

目標

(ア) 十分に養護の行き届いた環境の下に、くつろいだ雰囲気の中で子どもの様々な欲求を満たし、生命の保持及び情緒の安定を図ること。

(イ) 健康、安全など生活に必要な基本的な習慣や態度を養い、心身の健康の基礎を培うこと。

(ウ) 人との関わりの中で、人に対する愛情と信頼感、そして人権を大切にする心を育てるとともに、自主、自立及び協調の態度を養い、道徳性の芽生えを培うこと。

(エ) 生命、自然及び社会の事象についての興味や関心を育て、それらに対する豊かな心情や思考力の芽生えを培うこと。

(オ) 生活の中で、言葉への興味や関心を育て、話したり、聞いたり、相手の話を理解しようとするなど、言葉の豊かさを養うこと。

(カ) 様々な体験を通して、豊かな感性や表現力を育み、創造性の芽生えを培うこと。

参考：保育所保育指針第 1 章 – 1 保育所保育に関する基本原則

組織の目標のとらえ方と考え方

遵守すべき法令等から社会的に保育所に求められているものを踏まえた後は、勤務する保育所が目指すものを考える必要があります。保育所としての目的・目標はどの保育所も共通ですが、地域性、保育所の歴史、施設の環境や職員構成など、各保育所に違いがあるはずです。組織（保育所）の目的（保育所の理念や方針）を再確認・再創造し、長期的にどのような保育所になっていきたいかという目標を立てます。その際には、時系列に沿って考えてみるとよいでしょう。

メモ

----

① 保育所の歴史を確認する（過去）

　　まず保育所の歴史を振り返り、今まで何を大切にして保育をしてきたのか、地域のなかでどのような役割を担ってきたのかを再確認します。そのうえで、暗黙の了解として保育所の常識となっていたさまざまなことについて、一度立ち止まって振り返り、問い直す機会とします。

② 保育所の現状と課題を書き出す（現在）

　　現在の保育所の状態はどうなっているのかを確認し、よさと課題を明らかにします。「不易」と「流行」という言葉がありますが、歴史的に受け継がれてきた変わりなく大切にしたいこと、社会的な変化や所属する保育所の現状を踏まえて変化する必要があることを明確化します。

③ これからどのような保育所になっていきたいかを書き出す（未来）

　　目指すべき保育所の「目的」を共通理解として、その「目的」に向かって具体的な「目標」を立てて取り組んでいきます。

🫖 実現可能な目標の設定

■実情に合った目標

　いくらすばらしい目標を立てても、勤務する保育所の実情に合っていない高すぎる目標であれば、絵に描いた餅になってしまいます。モデルとしたい他の保育所の真似をしようと思っても、すぐにはうまくいかないのはなぜでしょう。それは、他の保育所もいきなりその状態になったのではなく、何年もかけて保育の質の向上を目指して取り組んできたプロセスがあってこそ実現できているからです。

　例えば、互いに何でも話し合う雰囲気が形成されていない状態で、対外的に見栄えがするという理由で地域連携を進めていこうとすると、一部の保育士等に役割が偏り、負担感が増えることがあります。その場合はまず、内部を固めてから外部と連携する等、保育所の状態を見極めて目標を設定する必要があります。

高すぎる目標例

・保育士等の信頼関係ができていないのに…「地域に開かれた保育所づくり」

メモ

保育所の状態に合った目標例

・まず、保育士等同士が信頼関係を…「何でも気軽に話し合える場づくり」

■具体的で明確な行動目標

　他分野と保育分野の違いは、子どもの成長に関してすぐに成果が現れるとは限らず、目に見えにくい場合が多いことです。また、元々品質管理の考えであるPDCAサイクルを子どもの成長に適用しようとすると、計画どおり子どもを動かそうとする傾向が強まる懸念も生まれます。子どもの成長のために、保育士等自身が行うことを目標とするほうが取り組みやすいといえるのかもしれません。

　さらに、抽象的で具体的でない目標は、どうすれば達成できるかが曖昧になり、今までどおり何も変わらないという結果になりがちです。目標は、抽象的な「概念レベル」ではなく、具体的な「行動レベル」の言葉にしたほうが意識しやすく、実行可能なものになります。

抽象的な目標例

・「主体的な子どもを育てる保育」…「目的」としてはよいが、理念的・抽象的で、所属する保育所特有のものになっていない。また、どのような子どもの姿が主体的な姿かイメージできず、保育士等が何をすればよいかが不明確。

具体的で保育士等が行うことを行動レベルで明確にした改善目標例

・「子どもが選択できる環境を構成する」「遊びを継続できる時間と空間を保障する」「子どもの気づきを促す言葉かけを工夫する」等

■目標に優先順位をつける

　勤務する保育所の現状を考え、できることから始め、目指したいゴール（目的）までのプロセス（適切な目標設定）を具体的に描く必要性があります。優先順位は、「難易度と顕在度」「緊急度と重要度」で考えてみるとよいでしょう。

難易度と顕在度

　目標には、簡単に成果が得られて見えやすいものと、成果を得るのが難しく見

メモ

えにくいものがあります。初めは簡単に成果が得られて見えやすいものから始めると、目標に向かって進んでいることが実感でき、やる気につながります。いきなり大きな目標を掲げると大きな壁のように感じ、乗り越えられる気がしません。そうではなく、小さな階段を少しずつ登るイメージで、適切な目標を掲げて着実に成果を上げていくスモールステップが大切です。組織としての成功体験の積み重ねから自信が生まれれば、時間がかかり難しく、見えにくい課題にも取り組んでいこうという見通しと意欲をもつことができます。

緊急度と重要度

　緊急かつ重要なこと（安全対策等）はすぐに取り組む目標です。緊急とはいえ些細なことは、隙間時間を利用して効率優先で進めます。緊急でもなく些細な目標は、延期もしくは中止することも視野に入れるとよいでしょう。新しく増やすことだけが目標達成のためのプロセスではありません。保育を阻害している要因については、なくす勇気も必要となります。緊急ではないまでも、将来的に重要になる目標に関しては、着実に達成できるよう長期的な視野をもち、節目ごとに振り返り、次につなげる根気強さが求められます。

目標の実施状況の進捗を管理する

■自分たちで目標を設定し協働するチームづくりを推進する

　与えられた目標よりも、自分たちで考えた目標のほうがやる気が出ます。園長・主任は課題ごとに保育士等でチームをつくり、自分たちで目標を設定し、実施状況の進捗を自己管理する体制をつくるとよいでしょう。ミドルリーダーは、積極的にチームとしての協働に貢献している保育士等を認め、励まし支えていくことで、よい風土が生まれます。チームの中心となる次代のミドルリーダー育成をすることが大切です。

■締め切りと役割、責任の所在を明確にする

　締め切りが設定されていない目標は目標ではありません。園長・主任が職員一

メモ

人ひとりの役割と責任の所在を明確にすることで、目標達成のための自覚も生まれます。ミドルリーダーはチーム全体をみる視野をもちつつ、時にはチームの一員として、時には相談役として、各保育士等が目標達成のための役割、責任を果たすことができるよう支えます。

■資源（リソース）の現状と課題をつかみ、活用方策を練る

人、物、資金、時間、空間等には限りがあるので、工夫が必要です。しかし、「今ある資源を活用してがんばれ」と保育士等にだけ過大な努力を強いるのは無理があります。ミドルリーダーは、もう少し広く長期的な視野から資源を用意し整え、目標達成につながるように、現場の意見をチームで話し合い、まとめていく役割があります。園長・主任は、出てきた現場の意見を踏まえて、未活用資源の発掘、外部委託、選択と集中、メリハリ、複数年計画の設計等を考えていきます。

■進捗の遅れや滞りがみられた場合の支援や目標の再設定の方法を考える

目標はスムーズに進むことばかりではありません。余裕のある期限設定、定期的な確認、目標の再設定を念頭に進捗管理を行っていきます。常に基礎となる目的を念頭に置きつつ、組織的・計画的にPDCAサイクルを回し、保育所全体の状況をみながら対応していく姿勢が必要です。保育士等主導の保育ではなく、子どもが主体的に環境にかかわり、さまざまな環境との相互作用を通して資質・能力が育まれていく一人ひとりの発達過程に応じた保育をするためには、まずは観察（子ども理解）から始め、絶えず考え、調整しながら走り続けるという柔軟な姿勢も大切です。

最近では、OODA（Observe（観察）→ Orient（方向づけ）→ Decide（決定）→ Act（実行））という考え方が出てきました（図3−1）。現場で自立的・臨機応変に実情に合わせて方向性を決定し実行することです。組織的・計画的なPDCAサイクルを採用しつつ、臨機応変で柔軟な考えのもとに展開できるOODAループの両方のよさを取り入れつつ、よりよい保育を目指すことが大切です。

メモ

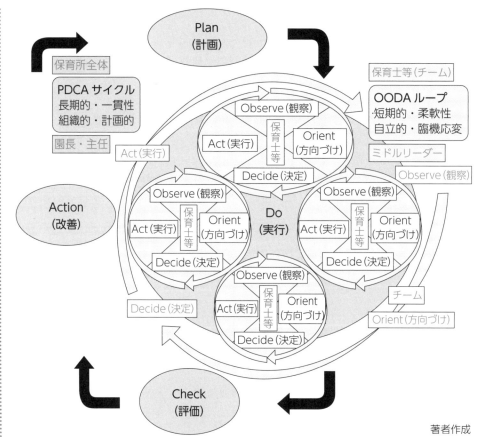

著者作成

図 3-1　PDCA サイクルと OODA ループの活用による保育過程の概念図

　園長・主任は、保育所全体を見渡し、組織的、計画的に PDCA サイクルを回していく立場になります。ミドルリーダーは、保育実践のリーダーとして、保育士等一人ひとりの OODA ループが的確に回るよう適宜助言をしたり、保育士等同士がチームとして協働的に実践できるよう支えたりしていく役割を担います。さらに、保育士等（チーム）の OODA ループが、保育所全体の PDCA サイクルのなかに位置づくように、園長・主任と連携しながら進めていくことが重要な役割となります。

メモ

≫ まとめの演習

3歳児と4歳児合同で、公園に散歩へ行くことになりました。企画・運営を任された保育経験2年目4歳児クラス担任のA先生は例年どおり行えばよいと考え、保育士等同士の事前の打ち合わせもないまま、散歩の1週間前になっています。また、3歳児の担任は、とにかく安全を考え、寄り道しないで公園に行って帰ろうと思っています。4歳児の担任は、公園だけではなく散歩の途中でさまざまなものを発見する子どもの気持ちを大切にしたいと考えています。

　ミドルリーダーのB先生はどのような役割を担う必要があるか、グループで話し合ってみましょう。

_____

_____

_____

_____

メモ

第 **3** 節 保育の振り返りを通じた質の確保・向上

この節のねらい

- 保育所保育指針に基づく自己評価に関して理解を深める
- 保育内容等の自己評価にかかわる保育所の取組み全体の効果的な実施について学ぶ
- 所属する保育所の実情に応じた主体的・継続的な自己評価の取組みを推進できる

 演習1 保育所保育指針および保育所保育指針解説の「第5章　職員の資質向上」と、「保育所における自己評価ガイドライン（2020年改訂版）」を読み、グループで話し合いましょう（142頁〜、巻末資料1、2、5）。

 演習2 あなたの勤務する保育所は、どのように自己評価を行い改善につなげているか、具体的にあげて、グループで共有してみましょう。

メモ

🫖 「保育所における自己評価ガイドライン」作成の背景

　2008（平成20）年告示の保育所保育指針（以下、保育指針）において、保育士等の自己評価および保育所の自己評価と公表が努力義務として位置づけられ、運営や保育内容等について保護者や地域住民に十分説明することが求められました。つまり、各保育所は常に自らの保育を改善し、自己評価の取組みに基づいた根拠のある説明を対外的にすることが必要であるということです。そして、「**保育所における質の向上のためのアクションプログラム**」のなかで、国が「保育士等及び保育所の自己評価に関するガイドラインを作成する」としていることを受け、2009（平成21）年に厚生労働省がまとめたものが「保育所における自己評価ガイドライン」です。

　さらに、2017（平成29）年の保育指針改定を踏まえ、さまざまな保育の現場における保育内容等に関する自己評価の取組みが、保育の改善や組織としての機能強化により実効性あるものとなるよう、記載内容が充実し、2020（令和2）年に「**保育所における自己評価ガイドライン（2020年改訂版）**」（以下、**自己評価ガイドライン（2020年改訂版）**）が示されました（146頁、巻末資料5参照）。

　自己評価ガイドライン（2020年改訂版）は、「保育所等における保育の質の確保・向上に関する検討会」の「中間的な論点の整理」において示された「保育の振り返りを通じた質の確保・向上」で、評価の意義や「保育の質」に関する観点等の明確化、評価の効果的・効率的な実施方法、評価結果の公表（保護者等のニーズを踏まえた内容・方法）、保育の充実や改善に資する評価結果の活用方法等が検討され、保育所における自己評価の実施状況等に留意しつつ作成されました。

　表3－1は、保育所における自己評価ガイドラインの全体構成の移り変わりを示したものです。

　自己評価ガイドライン（2020年改訂版）を活用し、各保育所で保育内容等の自己評価とそれに関連するさまざまな取組みを改めて意味づけたり見直したりする際の参考となるように、「保育をもっと楽しく　保育所における自己評価ガイドラインハンドブック」が作成されました（146頁、巻末資料6参照）。このハンドブックは、保育現場で日頃から実際に行っていることや、保育の実践に携わる立場から出た意見をもとに、「保育への手応えが生まれ、保育がより楽しくな

3

組織目標の設定

🌱**用語**

保育所における質の向上のためのアクションプログラム

2008（平成20）年度から2012（平成24）年度までの5年間を実施期間とした、保育所における質の向上のために策定したアクションプログラム。本アクションプログラムを踏まえ、各地方自治体が各地域の実情等を考慮してアクションプログラムを策定することが望ましいとされている。

メモ

表 3-1 「保育所における自己評価ガイドライン」の比較

＜2009（平成21）年版＞	＜2020（令和2）年版＞
1 保育所における自己評価の基本的考え方	1 保育内容等の評価の基本的な考え方
2 保育所における自己評価の目的及び定義	(1)保育所保育指針に基づく保育内容等の評価
(1)保育士等の自己評価の目的及び定義	(2)保育内容等の評価の目的と意義
(2)保育所の自己評価の目的及び定義	(3)保育内容等の評価の全体像と多様な視点の活用
(3)自己評価の観点	2 保育士等による保育内容等の自己評価
	(1)保育士等が行う保育内容等の自己評価の流れ
	(2)保育における子どもの理解
	(3)保育の計画と実践の振り返り
	(4)保育の改善・充実に向けた検討
	3 保育所による保育内容等の自己評価
	(1)保育所が組織として行う保育内容等の自己評価の流れ
	(2)評価の観点・項目の設定
	(3)現状・課題の把握と共有
	(4)保育の改善・充実に向けた検討
3 自己評価の展開	4 保育所における保育内容等の自己評価の展開
(1)自己評価の理念モデル	(1)保育の記録とその活用
(2)自己評価の具体的展開	(2)保育所における取組の進め方
A：保育士等の個々の実践の振り返りを最大限に生かす方法	(3)自己評価の方法とその特徴
B：日誌やビデオ等の記録をもとに多様な視点から振り返る方法	(4)自己評価に当たって考慮すべき事項
C：既存の評価項目を利用して振り返る方法	
4 結果の公表と情報提供	5 保育所における保育内容等の自己評価に関する結果の公表
(1)結果の公表の意義	(1)自己評価の結果を公表する意義
(2)公表の方法	(2)自己評価の結果の公表方法
	(3)自己評価の結果の公表に当たって留意すべき事項
別添 自己評価の観点	別添 保育内容等の自己評価の観点（例）
関係法令等	関係法令等

メモ

- -

- -

- -

- -

- -

る評価」を目指しています。

　ハンドブックでは、自己評価ガイドライン（2020年改訂版）を踏まえた自己評価の実施に当たって、大切にしたいことや意識したいこと、具体的な工夫の例として考えられることなどが、イラストを交え項目ごとに見開きで説明され、わかりやすくまとめられています。構成は、「保育所における自己評価ガイドライン（2020年改訂版）（概要）」「1　未来の保育実践を考えるための『評価』」「2　自己評価の実施に当たって大切にしたいこと」「3　取組を進めていく際のポイント」となっています。

　ポイントの例のなかには、主任がミドルリーダーと連携して個々の保育士等の思いを把握し、課題となっていることの背景や要因を整理しながら、日々の実践をとらえるためのヒントを提示して、本人の気づきを促すことがあげられています。

自己評価ガイドライン（2020年改訂版）における　ミドルリーダーの役割

　ここでは、自己評価ガイドライン（2020年改訂版）を引き合いに出しつつ、ミドルリーダーの役割について述べます（資料5）。

■保育内容等の評価の基本的な考え方

　自己評価ガイドライン（2020年改訂版）では、保育指針に基づき、保育所の日常的な保育の過程に位置づけられる「保育内容等の評価」について、基本的な考え方と実施方法等を示しています。

　評価を行う目的は保育の質の確保・向上です。保育士等（個人）または保育所（組織）が主体となり、自らの保育の内容およびそれに関連する保育の実施運営の状況を評価します。そして、その結果を全体的な計画、指導計画、研修計画等の作成や見直しとそれらに基づく保育の改善・実施に向けた取組みの実施のために用います。

　保育内容等の評価の意義は、「保育士等が、子どもに対する理解を深め、保育の改善や充実が図られること」「職員の資質・専門性の向上と職員間の相互理解

メモ

組織目標の設定

73

や協働が図られること」「評価結果の公表等により、保育所と関係者（保護者等）の間で子どもや保育についての理解が共有され、両者の連携が促進されること」にあります。

　保育所における保育内容等の評価にあたっては、「保育士等の職員個人による自己評価」と、それを踏まえた「保育所が組織として実施する自己評価」が基本になります。より多様な視点を取り入れるために第三者評価等や公開保育・研修の機会等を活用し、さまざまな立場の人々が保育内容等の評価やそれにつながる取組みに関与・参画する機会を互いに関連づけながら展開し、保育所における取組み全体の充実を図ることが重要です。

　まず、上記のような評価の目的や意義、全体像や多様な視点の活用についてしっかりと理解することがスタートになります。そのうえで、ミドルリーダーは「保育士等の職員個人による自己評価」を促し、園長・主任が中心となる「保育所が組織として実施する自己評価」へつなぐパイプ役となります。このときのミドルリーダーとしての役割を考えてみましょう。

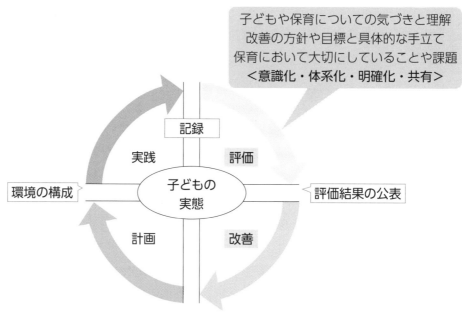

出典：厚生労働省「保育所における自己評価ガイドライン（2020年改訂版）」3頁、2020年

図 3-2　保育の過程に位置づけられる保育内容等の評価

　　メモ

■保育士等による保育内容等の自己評価

　保育士等による保育内容等の自己評価においては、保育の記録等を通した子どもの理解を基にして、計画と実践の振り返りを行った結果から改善・充実に向けた検討を行い、次の指導計画等へ反映させていきます。一人ひとりの保育士等が主体的に評価を行うとともに、保護者との情報共有や職員間の語り合い・学び合い等が欠かせません。そのことで、独りよがりではなく、多様な視点からとらえることができ、一人ひとりの保育士等の資質・専門性の向上につながるのです。「うまくいった、失敗した」等の単なる反省ではなく、保育士等自身のあり方を問う深い省察（リフレクション）に深めていきます。

　ミドルリーダーは、一人ひとりの保育士等が固定的な見方ではなく子どもにとって自分がどのような存在であるかに目を向けられるようにはたらきかけます。そのためには、ミドルリーダー自身が子どもとのかかわりのなかで子どもの姿や周囲の状況をとらえ、思いや考えを受け止め、一定期間にみられた育ちや一人ひとりのその子らしさを理解しようとする姿をほかの保育士等に見せ、現場の実践の中心となり、身近なモデルになることが求められます。

　次に、保育指針や自分の保育所の理念・方針・目標等に照らし合わせ、短期的視点（日々の保育（1日・数日・週等））と長期的視点（一定期間の保育（月・期・年等））との両方の目をもち、保育についてよかったと思われること、改善すべきと思われることを指導計画とその展開、環境の構成、子どもへのかかわり・配慮等について振り返ります。ミドルリーダーは、特に日々の振り返りのなかで、対話やコミュニケーションを通して、ほかの保育士等の振り返りを促していきます。

　さらに、子どもの実態や育ちの可能性を踏まえて今後の目指す方向性を考え、改善・充実に向けた取組みの目標・内容・具体的な手立て等を検討していきます。その際には、取組みの方向性と目標・手順等を明確にし、適切な課題・目標設定、スケジューリング、進捗管理が求められます。一人ひとりの保育士等が課題を抱え込むのではなく周りの保育士等と話し合いに努め、取組みについて保護者の理解を得られるように心がけます。

　ミドルリーダーは、日々の保育実践のプロセスを評価する中心となり、時には

メモ

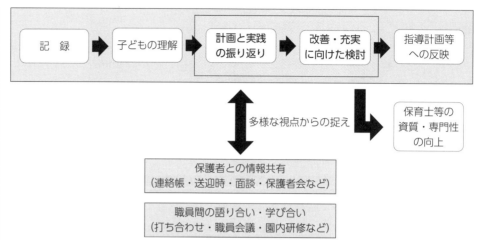

出典：厚生労働省「保育所における自己評価ガイドライン（2020年改訂版）」9頁、2020年

図 3-3　保育士等が行う保育内容等の自己評価の流れ

身近な相談役、時には一緒になって汗を流す仲間等さまざまな役割が求められるのです。

■保育所による保育内容等の自己評価

　保育所が組織として行う保育内容等の自己評価においては、記録や保育士等の自己評価を基に、保護者アンケートや外部からの意見・助言・指摘などを交えて適切な観点・項目の設定を行い、現状・課題の把握と共有を行います。そのうえで、改善・充実に向けた検討を行い、取組みを実施していきます。その際には、全職員による共通理解のもと、協働での取組みが求められます。必要に応じて自治体や法人等への報告・協議や、関係機関との連携等も必要となります。

　評価の観点の設定においては、保育指針や自分の保育所の理念・方針、地域における取組みの目標等を念頭におきながら、取り上げるべき観点を職員間で協議しながら定めます。さらに、具体的な項目を保育指針および保育所保育指針解説や既存の評価項目等を参照するなどして考え、分量や具体性を勘案して重要となる内容を選び設定します。これらの項目をチェックリスト方式や自己評価シートの記入事項にしたり、話し合いのテーマにしたりする等、評価の方法に合わせて用います。ミドルリーダーは、一人ひとりの職員の意識・理解や保育の内容、実

メモ

施運営等と結びつけた具体的な項目となるように、協議で意見を出したりほかの職員が意見を出しやすい雰囲気づくりを心がけたりします。

設定した評価の観点・項目を基にして職員の意識・理解、保育内容・実施運営の状況について現状と課題の把握と共有をしていきます。評価の観点・項目は活用してこそ意義があります。ミドルリーダーは、一人ひとりの職員が自分たちのこととして意識して振り返りを行い、自分たちの保育所のよさと課題を明確にして理解を共有できるように、なるべく聞き役になるよう心がけ、適宜、具体的な保育場面をあげたり、気づきを促すような言葉かけをしたりするようにします。

現状と課題が職員間で明確化・共有化されたら、今後どのような保育を目指すのか改善・充実の方向性を検討していきます。目標や今後の見通しを示し、取組みの進捗管理の仕方等、具体的な方策・体制・手順を整理しておきます。併せて各職員の資質向上のための研修等の機会を設けます。さらに、職員間および保護者や地域、関係機関等との情報の共有・連携に取り組んでいきます。ミドルリーダーは、保育を身近で見ていることから、保育士等にとって相談・対話しやすい相手です。ちょっとした時間に気兼ねのない対話を重ねることで出てくる現場からの意見をまとめ全体で共有し、現状を踏まえて着実に進めていくことが可能な計画となるようにしていく役割が求められます。

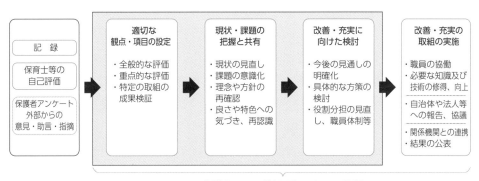

出典：厚生労働省「保育所における自己評価ガイドライン（2020年改訂版）」20頁、2020年

図 3-4　保育所が組織として行う保育内容等の自己評価の流れ

メモ

■保育所における保育内容等の自己評価の展開

　記録をすることそのものが自己評価につながります。保育の全体的な展開（日誌）、個々の子ども（個人記録）、遊びや活動の展開過程、保育中のある一場面や出来事の経緯等さまざまな記録の対象を、文章、写真や動画、保育の環境や遊びの展開過程などの図示化等、多様な形式・方法を用いて記録していきます。記録を保育の評価や改善に活用するための工夫のポイントとしては、「わかりやすい示し方や記述内容」「読み返しやすい整理の仕方」「手に取りやすい置き場所や見やすい掲示」等があげられます。ミドルリーダーは、自分自身の経験や研修から学んだ方法等を周りの職員等にも紹介し、園長・主任等とも連携しながら、自分の保育所にふさわしい記録の活用につながるようにしていきます。

　保育所における自己評価の取組みの進め方は、個々の保育士等による自己評価を職員相互の対話を通じて、組織的な保育所による自己評価につなげていくことです。短期指導計画と長期指導計画の作成・見直しの積み重ねが全体的な計画、体系的な研修計画、重点的な取組みや研究の成果の共有につながっていきます。ミドルリーダーは、クラス、年齢別、担当者グループ等の少人数で行う振り返りを園長・主任等に報告して助言を得るなどして、職員全体の取組みにつながるように心がけていきます。

　自己評価の方法には、大きく分けて客観的な視点からとらえたり分析したりすることを重視した「チェックリスト形式で行う方法」と、保育を振り返り文章にまとめたり話し合ったりすることを通して子どもや保育の実践に関する理解を深めることを重視する「文章化・対話を通して考察する方法」があります。それぞれの方法の特徴や留意点を踏まえたうえで組み合わせて用いることで、評価の有効性がより高まります。また、自己評価にあたり留意すべき事項は、計画的、効率的、継続的に実施する、可能な限り職員全員が参加する、各職員が当事者としての意識をもって取り組む、評価の妥当性と信頼性を意識して取り組むことです。ミドルリーダーは、自己評価の過程に一人ひとりが何らかの形でかかわり当事者としての意識をもつことができるように、園長・主任等とも連携しながら、参画しやすい雰囲気づくりをする等、職員同士のつなぎ役としての役割が期待されます。

　メモ

■保育所における保育内容等の自己評価に関する結果の公表

　自己評価の結果を公表する意義は、保育所が社会的責任を果たすことです。評価の結果を公表し、さまざまな人から意見を聞くことは、次の保育に向かう過程の一環に位置づけられます。自己評価の結果を公表する際には、公表する対象に応じて、わかりやすさや個人情報保護に留意して、方法・内容やその示し方・伝え方を考えます。写真に文章を交えたドキュメンテーションや育ちの記録のポートフォリオ、遊びの展開を表したウェブ形式の記録等の活用もよいでしょう。公表後に得られた意見に対して改善に向かう姿勢を示すことも重要になります。ミドルリーダーは、保護者や地域住民等と相互理解を深めることで、職員一人ひとりが自分たちの保育のよさや特色、課題を再認識できるようにコミュニケーションを図る役割を担っています。

3

組織目標の設定

メモ

≫ まとめの演習 ─────────────────

以下のチェックリストを基に、ミドルリーダー自身の自己評価に取り組んでみましょう。グループで、できているところは具体的な取組みを共有し、できていないところは、今後どのようにしていくか考えてみましょう。

☑ チェックリスト

- ☐ 保育内容等の評価の基本的な考え方を理解できているか
- ☐ 保育士等による保育内容等の自己評価を推進しているか
- ☐ 保育士等の自己評価を保育所による保育内容等の自己評価につなぐように心がけているか
- ☐ 保育所における保育内容等の自己評価の展開を担う役割を果たしているか
- ☐ 自己評価に関する結果の公表を次の保育に活かすようにしているか

メモ

＜引用文献＞
1）松村明監『大辞泉 第二版』小学館、710 頁、2012 年
2）同上書、3630 頁
3）同上書、3597 頁

＜参考文献＞
神樹兵輔『仕事の 99％は「段取り」で決まる』日本文芸社、2006 年
厚生労働省『保育所保育指針』2017 年
厚生労働省「保育所における自己評価ガイドライン」2009 年
厚生労働省「保育所における自己評価ガイドライン（2020 年改訂版)」2020 年
厚生労働省「保育をもっと楽しく　保育所における自己評価ガイドラインハンドブック」2020 年
中竹竜二『特別な才能はいらない──自分にしかできないスクールリーダーになろう』教育開発研究所、2017 年
日本能率アップ研究会『残業ゼロで仕事する技術』日本文芸社、2008 年
大江恵子『園の本質リーダーのあり方』フレーベル館、2017 年
妹尾昌俊『変わる学校、変わらない学校──学校マネジメントの成功と失敗の分かれ道』学事出版、2015 年
妹尾昌俊『思いのない学校、思いだけの学校、思いを実現する学校』学事出版、2017 年
田中靖浩『米軍式 人を動かすマネジメント──「先の見えない戦い」を勝ち抜く D-OODA経営』日本経済新聞出版社、2016 年

＜おすすめの書籍＞
新保庄三＋編集委員会『保育力はチーム力──同僚性を高めるワークとトレーニング』ひとなる書房、2017 年
矢藤誠慈郎『保育の質を高めるチームづくり──園と保育者の成長を支える』わかば社、2017 年
今井和子編著『主任保育士・副園長・リーダーに求められる役割と実践的スキル』ミネルヴァ書房、2016 年

メモ

人材育成

第 **1** 節 職員の資質向上

この節のねらい

- ・保育所保育指針第5章に示された「職員の資質向上」の内容について理解を深める
- ・保育の質の向上に向けた「人材育成」の必要性について考える
- ・保育士等のキャリアパスを踏まえた「組織的な取組み」の必要性について考える

 保育所保育指針「第5章　職員の資質向上」に記載された内容全体について、グループで読み合わせを行ってみましょう（142頁、巻末資料1）。

 「全国保育士会倫理綱領」に定められた八つの項目を参考に、あなたの勤務する保育所の保育の質の向上に向けた組織的な取組みの実際について、グループで話し合ってみましょう（145頁、巻末資料4）。

メモ

🫖 人材育成による資質の向上を

　社会的な要請とも相まって、保育所の役割や機能はますます多様化し、複雑化するに至っています。このような状況に対応していくためにも、職員一人ひとりが保育所の社会的役割や自らの社会的使命を果たしていくうえで求められる資質を向上させること、そして保育の質のさらなる向上に向けた組織的な取組みを展開していくことの必要性が指摘されています。

　保育所における保育の質の向上に向けた取組みにおいては、もとよりその保育所で働く職員一人ひとりの専門職としての自律性や**同僚性**、何よりもそれを支える倫理観に基づく継続的な資質の向上が前提となります。保育所保育指針（以下、保育指針）の「第5章　職員の資質向上」においても、「保育所は、質の高い保育を展開するため、絶えず、一人一人の職員についての資質向上及び職員全体の専門性の向上を図るよう努めなければならない」とされ、「1　職員の資質向上に関する基本的事項」とそれを具現化していくための「2　施設長の責務」が明文化されています。

　このことは、保育士をはじめとするすべての保育所職員が、これまで以上にその専門性を自覚し、発揮し、専門職としての自律性や同僚性、倫理観、豊かな人間性等をもって子どもの最善の利益を希求し続ける存在であることの必要性を意味するものです。職員一人ひとりが自らの職務内容と職責についての理解と自覚をもって保育の実践にあたらなければならないという社会的使命が示されているということです。とりわけ、その中核を担う保育士の専門性は、保育実践の質や保育環境の質に大きな影響を与えるものです。つまり、専門職としての保育士は、その職務に携わるなかで、保育現場で求められる知識や技能を拡げ、深め、専門性を高めていくことが常に求められるということです。

　しかしながら現実的には、若手職員の早期離職や一部地域によっては待機児童対策による新設保育所の増加に伴う慢性的な保育士不足の問題があり、質の問題以前に保育士等の確保に頭を抱える管理職も少なくないようです。保育の質を確保し、維持・向上させ続けていくためには、人材の確保のみならず、何より人材の定着を図る仕組みが必要であり、人材育成のための組織的な取組みが必要となります。

🌷

4

人材育成

🌱用語

同僚性
同僚であるというだけではなく、保育実践の質を維持し、また高めていくうえで必要不可欠な職員間の関係性を意味する。互いの保育実践に関心をもち、日常的な対話を通して個々人ならびに組織における保育力の向上を希求するような、組織文化の核となるものである。

メモ

こうした取組みを実質的なものとしていくためにも、個人の資質を向上させながら、いかに組織としての保育力の向上につなげていくかが問われはじめています。各保育所における人材育成を考えていくうえで、園長、主任保育士を補佐するリーダー的職員（副主任保育士・専門リーダーなどのミドルリーダー）への期待が高まり続けています。まさに、こうした一定の経験を重ねた職員が、それぞれの職位や職務に応じて、専門的な知識や技能を継続的に修得しながらミドルリーダーとして求められる「**マネジメントとリーダーシップに関する能力**」を身に付けていくことが期待されています。

🔍 参照

第2章「リーダーシップ」

🫖 保育の質の向上に向けた組織的な取組みの必要性

　2017（平成29）年告示の保育指針「第5章―1―⑵保育の質の向上に向けた組織的な取組」では、「保育の質の向上に向けた課題に組織的に対応するため、保育内容の改善や保育士等の役割分担の見直し等に取り組むとともに、それぞれの職位や職務内容等に応じて、各職員が必要な知識及び技能を身につけられるよう努めなければならない」と明記されました。

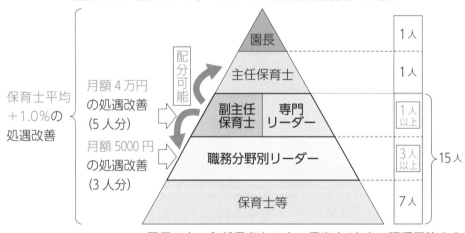

定員90人（職員17※人）のモデル（公定価格前提）の場合

※園長1人、主任保育士1人、保育士12人、調理員等3人

図 4-1　保育士等（民間）のキャリアアップの仕組み導入後の職制階層（イメージ）

メモ

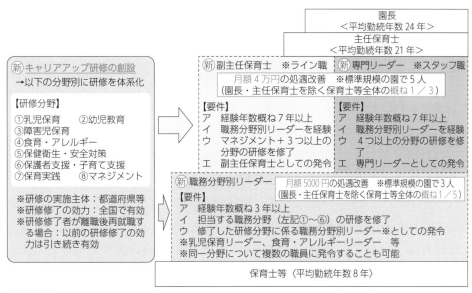

図 4-2　保育士等（民間）のキャリアアップの仕組み・処遇改善のイメージ

　この指針の改定を受け、同年4月には、わが国では初となる保育士等のキャリアアップ制度が示され、図4-1、図4-2のように、各職員がそれぞれの職位（職制階層）や職務内容等に応じて、必要な知識や技能を身につけることが可能となる研修体系（『保育士等キャリアアップ研修ガイドライン』）が示されました。これまで、主に園長、主任保育士、保育士等で構成されていた組織が、副主任保育士、専門リーダー、職務分野別リーダーの新設により、専門性の向上に資するキャリアアップ研修を受講することで、保育専門職としてのキャリア形成へとつなげていくことができ、かつ処遇の改善にもつながるように制度設計されたものです。

　こうした制度の導入により、保育所等においても、人事の発令に伴う職位や職務に応じた知識および技能の習得に努める必要がでてきています。保育士等一人ひとりが、「保育所全体としての目標を共有しながら協働する一つのチームとなって保育に当たる」ことを目標に、日常の保育実践を展開していくことが求められています。とりわけ、自ら実践できるのみならず、「他の保育士等への助言や指導を行い、組織や保育所全体をリードしていく役割を担うことのできる」ミドルリーダーを育成していくことが求められているのです。園長・主任保育士を補佐

メモ

しつつ、後進の育成においても指導力を発揮することが期待されています。

🫖 保育所内の研修体制の充実に向けて

　保育所においては、今後も子どもの最善の利益を保障すべく、保育士をはじめとする看護師、管理栄養士（栄養士）、調理師等の専門職が、各々の専門性に依拠した職務内容に基づいて日常の保育業務にあたるため、自らの職務内容と職責を理解し、その専門性をいかんなく発揮していくことができるように「保育士等のキャリアアップ研修」のみならず、専門職としての自律性に基づき、自らの専門性向上のために保育所内外での研修に取り組んでいく必要があります。

　もちろん、このことを実現させるためには施設長の理解が欠かせません。保育指針第5章-2には「施設長の責務」が明記されています。施設長は、「保育士等の自己評価や保育所の自己評価を活用しつつ課題を把握し、改善のために具体的に取り組めるような体制を構築すること」「中堅職員を研修担当として位置付けるなど、各保育所において研修が体系的かつ計画的に実施されるよう工夫すること」「研修の実施に当たっては、保育に支障がないよう、研修に参加する職員の代替となる職員を配置するなど、勤務体制の調整や工夫を行うこと」などが保育所保育指針解説に明文化されています。

　保育の質の向上には、職員一人ひとりの資質の向上が前提となりますが、その一人ひとりの資質向上につながる研修機会の確保や、計画的な研修への参加が可能となる職場環境の整備も必要であるということです。現実的には多くの施設が直面している困難な課題ではありますが、その改善を園長任せにするのではなく、職員からも研修機会の確保のあり方等について具体的なアイデアや意見を出し合うなど、本来、組織として取り組むべき課題だといえます。

　そのためにも、職員同士の日常的な「対話」と「省察」は欠かせません。「対話」と「省察」を重ね、日々の保育や業務のありようを振り返りながら、継続的な改善に取り組み続けることが、組織的に取り組む保育の質の向上には必要です。

　次節では、日常的な「対話」と「省察」を生み出す仕組みとしての園内研修の必要性と展開の仕方について学びます。

メモ

≫ まとめの演習 ────

🌱 「全国保育士会倫理綱領」（145 頁、巻末資料４）に定められた八つの項目を
参考に、所属する保育所の今後の保育の質の向上に向けた組織的な取組み
の改善策について、グループで話し合いながら相互に知恵を出し合いましょ
う。

_____

_____

_____

_____

🌱 前述の演習において示された改善策の具現化を図るためにできることにつ
いて、園内研修で取り組んでみましょう。自らも研修のコーディネーター
役になってみましょう。

_____

_____

_____

_____

メモ

- -

- -

- -

- -

第 **2** 節　園内研修の考え方と実践

この節のねらい

- 職場における研修の意義について理解を深める
- 学びの往還を意識した保育所内外での研修の必要性について理解を深める
- 「対話」と「省察」による園内研修の実際について学ぶ

演習 1　各保育所の園内研修の実際（研修計画、研修内容、研修方法、役割分担等）について、情報を共有しましょう。

演習 2　最も手ごたえを感じた（効果を実感できた）園内研修の実際について、情報を共有しましょう。また、なぜ手ごたえが感じられたのか、効果がもたらされたと感じたのかを確認しましょう。

メモ

🫖 園内研修の意義

　本章第1節で学んだように、保育所の職員は、必要な知識および技術の習得、維持、向上を図りながら、組織的に保育の質の向上を図っていく必要があります。そのためにも、日々の保育実践や業務を通じて「対話」と「省察」を重ねながら「評価」「改善」に取り組むなど、自らの保育を、また保育所全体の業務のありようなどを振り返る時間の確保が必要となります。このことを支えるのが「研修」であり、日常的に職員同士が主体的に学び合う姿勢と環境、そのための時間が保障される必要があります。

　職場における研修には、大別すると次の三つの形態が存在します。まずは、①「OJT（On-the Job Training）」です。園内研修はこれに該当します。具体的な仕事を通して、保育業務において必要とされる知識や技術、実践力（判断する力や活用する力など）などを学びます。先輩が後輩に指導を行う場面が多いわけですが、このことは同時に、先輩が後輩への指導を通して自らも学ぶ、つまり「教えながら学ぶ」という姿勢が求められていることも意味しているのです。次に、②「Off-JT（Off-the-Job Training）」です。このキャリアアップ研修をはじめ、各自治体や保育職能団体等が主催する研修など、職場を離れて学ぶ（あるいは学び合う）研修を意味します。最後に、③「SDS（Self-Development-System）」です。これは、個人的な興味や関心に基づいて研修会や講演会に参加するといった、自主的に自らの学びを深めていくために必要な費用や休暇等の付与を行うなど、間接的な形で研修を支援する仕組みです。

🫖 園内研修のポイント

　園内研修が継続的に展開されていくために必要なポイントは、何よりも「一人ひとりの職員が、日々の保育実践において子どもの育ちの喜びや保育の手応えを共有し合う」点にあります。所属する保育所の質の向上に向けて求められる知識や技術、実践力（判断する力や活用する力など）について、同僚とともに学び合うなかで、「職員が自分たちの保育所のよさや強みを意識して誇りに思い、また、さらなる保育の質の向上につなげるための保育の課題を考えることができる機

4

人材育成

メモ

会」としていくことです。

そのためにも、園内研修は「計画的」に行われる必要があります。「時間ができたから」と隙間時間に押し込むようなものではなく、またその時々の思いつきでもなく、年度当初にはあらかじめ初任者から管理職までの職位や職務内容等を踏まえた体系的な年間の園内研修計画が作成され、全職員ならびに保護者とも共有が図られていることが肝要です。園内研修時間の確保は、よほど意識的に行わない限り実現しません。保育業務としての優先順位を高いものとして位置づけ、研修計画も可能な限り職員と一緒につくり上げるなど、その過程に全職員がかかわれる機会のもち方を工夫する必要があります。

とはいえ、保育所の勤務実態からすれば、非常勤職も含む全職員が一堂に会する定期的な園内研修の開催はままならないという現状もあります。だからといって開催しない、あるいは外部の研修にも参加しないというのでは、組織的な保育力の向上は期待できません。できない理由を探すよりも、できることから始めるというのが肝要です。年に数回は全員一緒にということも必要ですが、「できることを・できる時に・できる人から」を実践していくことが、継続的な保育の質の向上につながります。

時間をかけなくともできる園内研修はたくさん存在します。日々の保育を個人で、あるいは数名でわずかな時間でも振り返ることを積み重ねていけば、それも意味のある園内研修となります。園内の同僚性や協働性を踏まえた保育の質の向上には、何よりもこうした「日常的なコミュニケーション」が重要です。とにかく話す、対話する、問いかけ合う。そのなかで考え、実際に行動に移してみること。こうした姿勢が一人ひとりの職員のなかに生まれるような仕掛けとしての園内研修が必要となります。

「対話」と「省察」を生み出す仕組みとしての園内研修

園内研修を充実させていくためには、職員一人ひとりがその場にかかわっているという実感が必要となります。言い方を変えれば、職員同士が胸襟を開いてかかわり合える場を演出することで、楽しく学び合いながら自らの保育の特徴や課題について語り合えるということです。そのためにも、ミドルリーダーは、研修

メモ

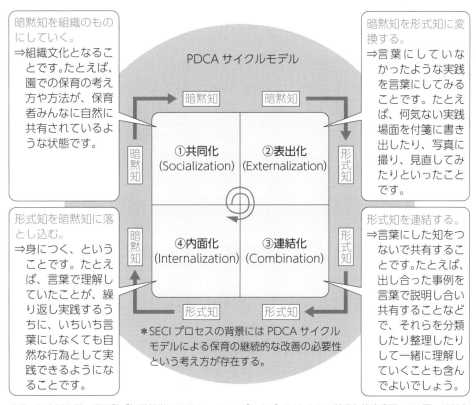

暗黙知を組織のものにしていく。
⇒組織文化となることです。たとえば、園での保育の考え方や方法が、保育者みんなに自然に共有されているような状態です。

PDCA サイクルモデル

暗黙知を形式知に変換する。
⇒言葉にしていなかったような実践を言葉にしてみることです。たとえば、何気ない実践場面を付箋に書き出したり、写真に撮り、見直してみたりといったことです。

形式知を暗黙知に落とし込む。
⇒身につく、ということです。たとえば、言葉で理解していたことが、繰り返し実践するうちに、いちいち言葉にしなくても自然な行為として実践できるようになることです。

暗黙知　　暗黙知
①共同化 (Socialization)　②表出化 (Externalization)
暗黙知　　形式知
④内面化 (Internalization)　③連結化 (Combination)
暗黙知　　形式知
形式知　　形式知

形式知を連結する。
⇒言葉にした知をつないで共有することです。たとえば、出し合った事例を言葉で説明し合い共有することなどで、それらを分類したり整理したりして一緒に理解していくことも含んでよいでしょう。

＊SECI プロセスの背景には PDCA サイクルモデルによる保育の継続的な改善の必要性という考え方が存在する。

出典：野中郁次郎・紺野登『知識経営のすすめ―ナレッジマネジメントとその時代』筑摩書房、111 頁、1999 年をもとに作成

図 4-3　保育の場における SECI プロセス

の質の向上のための「知のマネジメント」に関する理論的な枠組みについて理解しておくとよいでしょう。研修のプロセスを把握し、さまざまに生み出される知のマネジメントを意識的に行えるようになることで、各研修ニーズに対応した効果的な研修方法の選択が可能になると思われます。

　例えば図 4-3 は、組織的な保育力の向上を目指す PDCA サイクルモデルの考え方を基盤としながら職員の経験知や実践知を活かす「知のマネジメント」という考え方を援用した「保育の場における SECI プロセス」を図示したものです。①「共同化」→②「表出化」→③「連結化」→④「内面化」に至る循環型のプロセスにおいて、「対話」と「省察」を生み出していきます。園内研修の場合、多くは参加者の頭のなかにあるもの、すなわち「暗黙知：言語化されていない知」

4

人材育成

メモ

を「形式知：言語化された知」として「表出化」することによって外在化させ、対話や省察のきっかけを生み出します。

　次に、参加者によって表出された意見や考えなどを踏まえ、話し合いをしたり、新たな考えを示したりするなど、つなぎ合わせ、関連づけながら考えていく「連結化」の段階に入ります。そこでもたらされた新たな気づきや学びを踏まえつつ日常の保育を実践していくなかで、新たな知は次第に「内面化」され、職員相互による学び合いのなかで組織文化としての知として定着し「共同化」へと至る段階をたどり、組織として取り組まれる保育が発展・深化を遂げるという考え方です。

　「保育所における自己評価ガイドライン（2020年改訂版）」にも明示されていますが、保育にかかるさまざまな「記録」をもとに意識的かつ自覚的に対話を深め改善し続けようとしていくことが、組織的な保育力の向上にもつながるのです。

職員全員がかかわる園内研修の実際

　園内研修の大きな目的の一つに、「業務改善」のためのきっかけづくりというものがあります。詳細は本書第5章「働きやすい環境づくり」で学びますが、業務改善はもはや、すべての保育所における喫緊の課題ではないでしょうか。このような状況において、職員全員がかかわり合うための園内研修にするには、若干の工夫が求められます。

　保育所の場合、さまざまな勤務シフトが組まれているので、同じ日の同一時間帯で実施するのは難しいことです。肝心なのは、園内研修当日までの事前の準備と、時間の使い方（タイムマネジメント）にあります。職員全員の声を反映させた研修にしていくためには、園内研修当日に意見や考えを出すところから始めるのではなく、むしろ研修日当日までに職員の考えやアイデアを出しておいてもらう（事前の“仕込み”をしておく）ということです。また、1日で終わろうと職員を長時間拘束する必要もありません。その研修の先を見越しながら、事後にもつながりがある園内研修にしていくための計画性が必要です。

　2019（平成31）年1月には、キャリアアップ研修の一部を「eラーニング」にて行うことも認められました。ICT技術の進展により研修形態も多様化してきています。各施設、あるいは離島など地域の特性に配慮した研修のありようが検

🔍 参照

第5章第1節「保育現場の雇用管理」（110頁）

🌱 用語

eラーニング
キャリアアップ研修におけるeラーニングによる実施方法等については「保育士等キャリアアップ研修をeラーニングで実施する方法等に関する調査研究協力者会議」がとりまとめた。詳細は「調査研究協力者会議における議論のとりまとめ」（2019（平成31）年1月9日）を参照のこと。

📝 メモ

討され始めています。

　ここでは、協働性を生み出す研修計画の立て方の一例として、園内研修として
も活用できる全職員参加型の研修事例を紹介します。キャリアアップ研修を受け
ているあなたは、グループワークを進行するコーディネーター役を務めてみま
しょう。

事例

Work ❶
（事前準備）　：日頃から業務改善が必要だと感じていることについ
て、保育士等の思いや願いを共有するところから始
めてみましょう。

・準備物：付箋各色・問いを明記した模造紙

・事前準備：下記の問いを明記した模造紙を事務室や休憩室に掲示しておく

・問い：「次年度、業務改善が必要だと思われることは何だと思いますか？」

①　保育士等は、業務改善が必要だと思わ
れる内容を、思いつく限り付箋に書き出
す。１枚の付箋に一つのことを書く。記
名方式も可。

②　研修当日から逆算して３週間前から模
造紙を掲示し、２週間前までに模造紙に
意見を張り出してもらう。

Work ❷
（事前準備）　：出された意見をおおよそ集約しておきましょう。

　管理職を始め、ミドルリーダー（施設内
研修担当者）間において、意見の重なり具
合を見ながらおおよそのグルーピングを図
り、そのグルーピングされた意見を代表す
るキーワードやタイトルをつけておく。

メモ

Work ❸ ：集約された意見をもとに、具体的な改善策について
(当日) 　グループワークをしましょう。 【全体で30分程度】

・準備物：保育士等から出された意見を集約した模造紙・付箋各色・模造紙
・グループ分け：1グループ当たり5〜6名前後。提示された内容によって、
　例えば3歳以上児クラスと3歳未満児クラス担任を分けて構成。あるいは
　各学年から一人ずつ参加して構成するな
　ど、効果を得やすいグループ編成を行う。

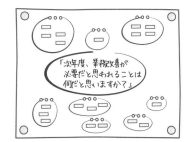

・問い：業務改善のためにできるアイデア
　を共有しましょう！

① 　まずは、集約された内容についての報
　告を管理職、あるいはミドルリーダーか
　ら聞く。(10分程度)
② 　紹介された内容について、自由に話し合う。(10分程度)
③ 　自分にできる「業務改善のためのアイデア」について、思いつく限り付
　箋に書き出す。1枚の付箋には一つのこ
　とを書く。記名方式も可。(5分程度)

④ 　時間が許せば、その内容についても全
　職員で共有する。(5分程度) 時間がな
　い場合には、事後の取組みにしていくこ
　とも可能。

Work ❹ ：業務改善のために出されたアイデアを共有しましょう。
(事後)

　Work ❶ の手続きと同様に、業務改善の
ためのアイデア付箋を貼り付けられる模造
紙を準備しておき、一定期間を定め、アイ
デアを募集するというやり方が可能です。
その内容を踏まえながら、管理職とミドル

メモ

リーダー等によってアイデアを集約し、後日、全職員に対しての報告を行うなどの取組みが可能となります。

園内研修の具体的な展開の仕方を学ぶうえで参考になるテキストも発刊されています。参考にしながら、園独自の取組み方を工夫してみましょう。

自らの研修履歴の可視化と共有の必要性

保育士等キャリアアップ研修制度において重視されているのが「研修修了の評価」であり、これまで保育専門職としての資質向上のためにどのような研修を受講してきたのか、自らの研修履歴により自覚的になることが求められています。園内外において開講される研修において、ただ漫然と研修を受けるのではなく、保育環境の充実や子ども理解を深めていくなど、日常の保育実践を改善し続けていくことを意識したうえで参加した研修をもとに実施されるものです。

研修履歴と効果の可視化につながる組織的な取組みとしては、全国保育士会編『保育士等キャリアアップ研修ハンドブック』などが活用されはじめています。その他、各研修の資料や自分なりにまとめた研修メモのようなものをファイリングし、オリジナルの研修ポートフォリオとして作品化して園内の特定の場所に保管し、いつでも、誰でも見ることができるようにしてあるなどの取組みも存在します。

研修に行きっぱなし、参加しっぱなし、学びっぱなしにならないように、学び得た知識や技術、その成果や価値を可能な限り職場内、さらには保護者とも共有していくための取組みが求められています。個人の研修履歴の可視化と共有には、園内外の研修内容（あるいはそこで得られた知）を往還的に作用させることで、組織として行う保育の質の向上につなげていくことが想定されているのです。

メモ

>> まとめの演習 ────────────

園内研修の活性化に向けた具体的な手だてについて、グループで知恵を出し合ってみましょう。

_____

_____

_____

_____

今回学んだ園内研修の方法を、自らがコーディネーター役となり実践する研修計画を立ててみましょう。

_____

_____

_____

_____

メモ

- -

- -

- -

- -

- -

第 3 節 保育実習への対応

この節のねらい

- 「保育実習」を規定する枠組みについて理解を深める
- 保育現場と養成校の協働による実習指導の質の向上のあり方について考える
- 実習指導を実習施設の保育の質向上の機会とする考え方について学ぶ

演習 1 あなたの勤務する保育所の実習生オリエンテーション関連資料を開示しながら、グループで情報共有を図りましょう。

演習 2 次の文章は、ある主任保育士の声です。文章を読み、自らの実習生時代を踏まえながら、実習生をどのように指導すればよいのか、グループのなかで考えを出し合ってみましょう。

　自分自身が実際に実習を経験した際、子どもの名前、クラスごとの生活の流れ、保育者の動きを覚え、目の前の子どもと接するだけで精いっぱいで、月齢ごとの発達過程であったり、保育者の役割やはたらきかけに目を向け、そこに疑問をもったり質問をすることができませんでした。

　それは自分自身に余裕がなかったということももちろんですが、実習生という立場上、忙しそうに働いている現場（先

メモ

生方）を見て、声をかけにくかったということも事実です。

　限られた期間で、保育の現場（子どもの成長や保育者の役割等）を理解するのは難しいことですが、養成校での学びだけでなく、実際の現場を目で見て経験することはとても大切だと思います。

「保育実習」の現状と課題

　保育士等のキャリアアップ研修において示された「マネジメント」にかかる研修分野では、具体的な研修内容として、「保育実習への対応」という項目が例示されています。養成段階からの切れ目のない人材育成を目指して位置づけられたものです。ところが実際には、保育実習指導のあり方をめぐっては、保育所間や養成校間、保育所と養成校間において、さまざまな違いが認められます。

　指定保育士養成施設（いわゆる養成校）においては、「指定保育士養成施設の指定及び運営の基準について」のもと、保育実習の実施にあたっては「保育実習実施基準」にのっとったかたちで指導が行われています（147頁、巻末資料7）。しかしながら、養成校の指導もさまざまであることは、むしろ実習生を受け入れている保育所のほうが実感されていることでしょう。実習依頼等にかかる文書、実習日誌や評価票の様式をはじめ、実習時の取組み方や記録の取り方についても、多様な指導の存在が垣間見えるのではないでしょうか。

　一方、実習施設となる保育所側でも、実習生の受け入れにあたってマニュアル等の資料を作成しているところもあれば、指導を担当する保育士等に一任している施設も少なからず存在するようです。結果として、保育所内ですら実習指導に関する共通のルールや指導指針の共有が図られていない実態もあり、実習生が混乱しているケースも見聞きされます。

　こうした現場と養成校の保育実習指導上の乖離を解消していくことは、関係者にとって喫緊の課題であり、改善が求められているところでもあります。全国に所在する数多くの養成校が加盟する一般社団法人全国保育士養成協議会では、『保育実習指導のミニマムスタンダード』（中央法規出版、2018年）を刊行し、保育

メモ

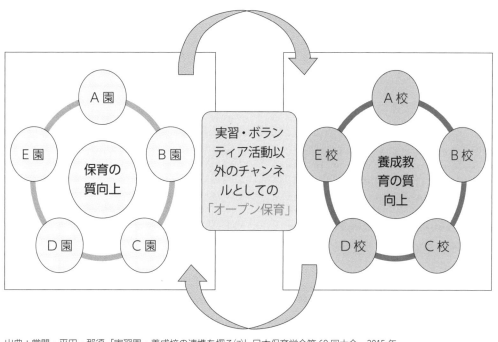

出典：當間・平田・那須「実習園・養成校の連携を探る(7)」日本保育学会第 69 回大会、2015 年

図 4-4　実習施設・養成校の協働による保育者育成イメージ

実習の事前・事後指導にかかる標準的な教授内容のみならず、訪問指導のあり方や実習評価の活用など、発展的・先駆的であり組織的な取組みを紹介するなど、養成校教員相互、養成校と実習施設相互の連携・協働による実習指導の深化が目指されています。

　保育所が担う保育実習は、社会的役割としての次世代育成機能の一部でもあります。養成校で学ぶ学生が、将来保育士になることを夢見て臨む保育実習という機会をいかに充実したものにしていくのか、将来の大切な人材となる実習生の指導のあり方について、これまで以上に保育所も養成校も真摯（しんし）に向き合う必要があります。そして今、全国各地で実習施設と養成校の協働によるさまざまな取組みがはじまっています（図 4‐4）。

メモ

🫖 充実した実習にするための手だてとは

　導入の演習2で紹介されている主任保育士の声ですが、考えてみれば、かつて実習生であった頃の自分もそうであったように、実習生の多くは慣れない環境のなかで、不安や緊張感をもって実習に取り組んでいます。しかしながら、不安や緊張感が強くなりすぎると、体調を崩したり、実習そのものに対するモチベーションが低くなりかねません。こうした状況が起こると、実習生を指導する担当者や子どもたちにとっても好ましい状況とはなりません。

　人材育成という観点から実習指導をとらえるならば、まずは実習生の思いに寄り添いながら、実習生をその気にさせる必要があります。そのためにも、実習施設と実習生が最初に出会う場となる「実習オリエンテーション」のあり方について工夫してみましょう。

　以下に、園内研修としても活用できるグループワーク（5〜6名）による研修事例を紹介します。Work ❶・Work ❷各々を単体で行うことも可能ですし、Work ❶と Work ❷を連続して行えば、具体性が増すと思われます。この研修を受けているあなたは、グループワークを進行するコーディネーター役を務めてみましょう。

事例

Work ❶：保育士等の実習生への思いや願いを共有するところから始めてみましょう。　　　【全体で30分程度】

・準備物：付箋各色・模造紙（半分大）・マジック各色

・問い：私たちの保育所が保育において「大切にしていること」とは何だと思いますか？

① 一人2枚程度、付箋に書き出す。1枚の付箋に一つのことを書く。ここでは実習生のことを意識する必要はなし。（5分程度）

② 各自書き出した内容を1枚ずつ時計回りに読み上げる。読み上げながら、模造紙に貼り付けていく。

③ ほかのメンバーは、読み上げられる内容を聞きながら、その内容に近い

メモ

（似ている）と思うものがあれば、その付箋の隣に貼り付けて、グループをつくっていく。

④　次のメンバーも同様に行う。全員の付箋がなくなるまで②③を繰り返す。（②③あわせて 15 分程度）

⑤　貼り出された付箋を内容的に再確認し、グルーピングされたものについてはキーワードを付けるなどしながら、自分たちが「大切にしていること」「目指していること」の全体像を共有する。（10 分程度）

Work ❷：実習生に保育所として、私たちが「伝えたいこと」「伝えるべきこと」「尋ねておきたいこと」を明らかにしましょう。ここでは、表4−1（次頁）の事例に倣って「実習生に伝えたいこと」に特化して意見を出していただきますが、同様のやり方で、他の2項目についても具体的に書き出してみることをお勧めします。コーディネーター以外に、記録係を1名決めておきましょう。

【全体で 60 分程度】

・準備物：付箋各色・模造紙（あらかじめ表4−1を参考に大きな表を作成しておく）・マジック各色

・問い：私たちが「実習生に伝えたいこと」とは何だと思いますか？　またその「伝え方」はどのようにしますか？

① 一人2枚程度、付箋に書き出す。1枚の付箋に一つのことを書く。（5分程度）

② 時計回りに、各自書き出した内容を1枚ずつ読み上げる。読み上げながら、模造紙の「伝えたいこと」欄に貼り付けていく。

伝えたいこと	伝え方（担当）	準備するもの

「私たちが「実習生に伝えたいこと」は何だと思いますか？またその「伝え方」はどのようにしますか？」

メモ

----

③　ほかのメンバーは、読み上げられる内容を聞きながら、その内容に近い（似ている）と思うものがあれば、その付箋の隣に貼り付けて、グループをつくっていく。

④　次のメンバーも同様に行う。全員の付箋がなくなるまで②③を繰り返す。（②③あわせて15分程度）

⑤　貼り出された付箋を内容的に再確認し、グルーピングされたものについてはキーワードを付けるなどしながら、自分たちが「実習生に伝えたいこと」の全体像を共有する。（10分程度）

⑥　特に重なりの多かった内容順に「伝えたいこと」欄の上部から貼り付けていく。

⑦　上位の項目より順に、その具体的な「伝え方」について対話をしながら意見を出し合う。（⑤⑥あわせて15分程度）

⑧　出された内容については、記録係が代表して模造紙の「伝え方」欄に記入する。（10分程度）

⑨　「準備するもの」欄に必要な準備物を記入する。（5分程度）

⑩　終了後、全職員の目にとまるところに掲示しておく。

表4-1　実習オリエンテーションの具体化

伝えたいこと（ふせん作成者）	伝え方（担当者）	準備するもの
例） 子どもとどう向き合えるかが重要だと考える。（A保育士）	例） 10分間、保育所内を自由に見学させます。その間に気になる子どもの様子や面白いな、不思議だなと感じた子どもの様子を保育所のカメラで撮影してくるように伝えます。その後、実習生が撮影した写真をパソコンの画面上に示しながら、なぜその場面が気になったのか、面白い、不思議だと感じたのかについて、写真をもとに共有する時間をとります。 （A保育士）	例） □オリエンテーション資料 □保育所案内パンフレット □デジタルカメラ（園備品）1台 □ノート型パソコン1台 □茶菓子

メモ

実習生の受け入れをめぐっては、実習施設にとって少なからず負担になる場合もあります。しかし、前述した園内研修ともからめた実習オリエンテーションの工夫などは、職員全員が実習生の受け入れをめぐって、自らの保育を振り返る機会となるとともに、職員全員による保育理念の再確認や共有の場にもなりえます。

加えて、実習後の反省会なども園内研修の場となります。例えば、実習を振り返る学生の話に対して新任の保育士等にコメントをさせる保育所があります。その新任者のコメントにからめながら、さらにミドルリーダーや主任保育士、園長がコメントを加えていくという仕組みが存在します。この取組みは、実習生への指導のみならず、実は新任者への指導という意味合いもあります。すなわち、実習指導は新任者育成の機会でもあり、園全体の保育の質の向上の機会にもなりうるということです。

各施設の工夫次第で、保育実習の指導のあり方もより発展的なものとなります。今般示されたキャリアアップ研修の「マネジメント」の内容として「保育実習」が位置づけられた理由もそこにあります。

メモ

≫ まとめの演習 ─────────────────────

🌱 実習生に「伝えたいこと」「伝えるべきこと」「尋ねておきたいこと」について、各自、簡単にまとめておきましょう。
例えば、「伝えるべきこと」としては、「個人情報の取扱い」や「施設内の非常口・避難経路」などが考えられます。また、「尋ねておきたいこと」としては、「今、大学の授業で特に関心のある教科」「これまでの実習経験の有無」などが考えられます。

_____

_____

_____

_____

🌱 前述の演習の内容を園に持ち帰り、園内研修として、その「伝え方」の具現化に取り組んでみましょう。自らも研修のコーディネーター役になってみましょう。

_____

_____

_____

_____

メモ

- -

- -

- -

- -

- -

<参考文献>
一般社団法人全国保育士養成協議会編『保育実習指導のミニマムスタンダード Ver.2──「協働」する保育士養成』中央法規出版、2018 年
厚生労働省『保育所保育指針』2017 年
内閣府『幼保連携型認定こども園教育・保育要領』2017 年
野中郁次郎・紺野登『知識経営のすすめ──ナレッジマネジメントとその時代』筑摩書房、1999 年

<おすすめの書籍>
秋田喜代美監、松山益代『参加型園内研修のすすめ』ぎょうせい、2011 年
那須信樹ほか『手がるに園内研修メイキング─みんなでつくる保育の力』わかば社、2016 年
矢藤誠慈郎『保育の質を高めるチームづくり─園と保育者の成長を支える』わかば社、2017 年

メモ

働きやすい環境づくり

この節のねらい

- 私たち自身の等身大の服務規律が働きやすさにつながることを理解する
- 保育士等を一生涯の天職として続けられる多様なキャリアを考える
- 保育士等の働き方と休み方を、権利と義務の両面の目的から考える

> **演習 1**
> あなたが保育士等として働き続けているうえで、今、大切にしている想い（保育観や価値観）を漢字一文字で表現してみましょう。

> **演習 2**
> 漢字一文字で表現した今の想いを、五・七・五を目安にして一句歌を詠み、その心を相手に伝えましょう。

🫖 保育所の雇用管理における「私たちの服務規律」の大切さ

　雇用管理は職員の採用から退職までずっと続いていく人的環境の管理です。保育所では人を管理するというよりも、保育環境を構成する最も大切な人的環境である保育士等が互いにかかわり合って対話し、今その瞬間、今その場の状態を管

メモ

- -

- -

- -

- -

理（観る、聴く、声をかける等）することがよりよい雇用管理につながります。

　その雇用管理のルールと仕組みや、働く権利と義務は、**就業規則**に記載されています。いわば働き方の設計図です。そのなかに記載されている**服務規律**（服務、遵守事項等）は、みんなが気持ちよく働くうえでの心構えやかかわり方の共通のルールとなるものですが、就業規則であまり触れられておらず、何となく決まりきった表現である場合が多いです。

　そのため、具体的に自分たちの保育に照らし合わせて、その意味を考えたり、ほかの保育士等と話し合ってみるとよいでしょう。それは服務規律が、**保育所の理念、目標、方針**を実現するための働き方の指針となり、保育士等の言動の支えとなるからです。全職員が「みんなでこうやってがんばりたい」といった、自分たちの職場や保育に対する想いや願いを込めてかかわり合うことができる大切なルールとなります。

🫖 私たちの服務規律（みんなの服務規律）をつくる

　保育に完成がないように、服務規律にも完成はなく、振り返ったり変化に合わせて育てていくものです。毎年ミドルリーダーを中心に全職員で見直す機会を設け、少しずつ進めてみるとよいでしょう。そして、見直した服務規律を園長等に相談し職員に周知していくと、ミドルリーダーが動きやすく、園長も保育士等も働きやすいと感じるようになります。

　具体的には、「〜しなければいけない」「〜しないこと」といった意識して抑止したい言葉と、「〜しよう」「〜する」といった意識して推進したい言葉に分けて考えてみましょう。一人ひとりの想い（保育観や価値観）を踏まえながら、普段の言葉かけのように、わかりやすくやわらかい言葉で具体的に表現して紙に書いて整理していくと、互いの共通理解が進みます。

🫖 魅力に気づき、魅力を引き出す自己理解と他者理解

　高い専門性をもつ保育士等には、児童福祉の理念に基づく職業倫理（倫理観）があります。その職業倫理を踏まえて、主体的な雇用管理を考えてみましょう。

メモ

▎補足説明▶
就業規則
労働基準法第 89 条、第 90 条。10 人以上の職員を使用する使用者は、就業規則を作成し、施設ごとに職員の意見書を添付して所轄の労働基準監督署に届出をする。服務規律等は任意で記載する項目になっている。

▎補足説明▶
服務規律
厚生労働省労働基準局監督課「モデル就業規則（平成 31 年 3 月）」の「就業規則の意義」において「安心して働ける明るい職場を作る」ためには、服務規律などをはっきり定めておくことが大切としている。

▎補足説明▶
保育所の理念、目標、方針
子どもの生涯にわたっての利益の最大化と保育士等の有機的なはたらきの実現に向け、①全職員がかかわりをもち、対話を重ね、②職員間の共通理解を促しながら、③実情を踏まえて、独自性や創意工夫を発揮するためのよりどころ。

まず、保育士等一人ひとりが自己理解に努め、自己管理をしようという気持ちになる方法を丁寧に考えます。次に、互いの専門性や人間性を尊重し、互いの自己理解が進むように支え合います。具体的には、自己や他者の不得手ではなく得手、欠点ではなく長所、弱みではなく強みがその人らしさや持ち味の支柱になります。他者の力も借りて何度も繰り返し多様な視点から言葉にして理解し合いましょう。互いの存在や行動を意識して、認め合える点を探して言葉にしてみましょう。これらは無意識のうちにできて当たり前と感じやすいですが、実際はできていないことが多く、それが進行すると無関心になっていきます。

まずは自分で自分を認め、そして相手のことも認めましょう。自分で自分を認められる点がなかなか出てこないときなど、相手の力も借りて、教えてもらいましょう。それが、あなた自身や同僚の意識の変化になり、言葉の変化、行動の変化になり、習慣の変化につながります。雇用管理の観点では、リーダーシップは「自分の魅力に気づき発揮すること」です。また、マネジメントは「相手の魅力に気づき発揮させること」です。これにより、職員同士が協働できるような雇用管理がはじまり、よりよい保育環境が形成されます。新たな風土も芽生え、**働き方改革**が結果としてスムーズかつ自然に進んでいきます。

職場で意識して満たし合う承認欲求、認め合う承認関係

保育士等は小さな子どもたちの心の育ちを支援する唯一無二の高度な専門職です。小さな心にかかわる保育士等の心もまた、さまざまな体験や経験を組み合わせて生涯発展し続けて人間形成をするなかで（**ライフキャリア・レインボー**）、職業人として最後まで成長過程です。だからこそ成長の可能性を拓きその過程を承認し続けることが大切です。悩みや失敗や後悔や悲しみ等を真の学びや勇気に変えることもできます。ミドルリーダーを中心に自分や相手の存在や言動を認め合い、日常保育や職場のなかの小さな感謝に気づき表現しましょう。ミドルリーダー自身のやりがいや安心や自信になります。

園長の立場では、保育士等が離職する理由の本音を個別に直接聞くことは少ないものです。社会的な保育への期待や実際に担っている責任、業務に見合わない給料や、勤務時間などといったさまざまな理由には、真因となる背景があります。

補足説明
働き方改革
多様な人が多様な働き方で多様に働き続けられることを目的とした「働き方改革を推進するための関係法律の整備に関する法律（働き方改革関連法）」が成立した。労働基準法をはじめ八つの一連の労働法が改正され、戦後最大の改革といわれる。日本国憲法第27条「勤労権」（働く権利と義務）の保障が根底にある。

用語
ライフキャリア・レインボー
人間のキャリアは虹を描くように多様な場面で多様な役割を演じながら、一生涯を通じて形成していく。

参照
第5章第2節「承認欲求」（120頁）

メモ

そもそもふだんから職場で「認められていない」「わかってくれない」「聞いてもらえない」といった承認が不足している状態であることが実に多いのです。「ありがとう」「助かった」「がんばったね」「できたね」「それいいね」など、ちょっとのことで意識すれば自分にもできそうな言動からでいいのです。

　子どもにとって人的環境である保育士等同士が**固定観念**や価値観や過去などにとらわれずに、目の前の今のモノゴトの多様なとらえ方、感じ方、考え方、見え方を楽しみながら、小さな勇気を出してちょっとしたことを承認してみましょう。

職場環境を害する常識観と多種多様なハラスメント

　互いの存在を感じ合い認め合える心の状態（**OK 牧場**）ができてきた職場では、保育理念や実情を踏まえた人材育成も業務改善も取り組みやすくなります。何度も立ち返り、職員同士の関係や対話の質つまりは保育の質を磨き続けましょう。

　その際に留意したいのは、誰でもわかるはず・するべき「常識」、そんなことは「普通」、今さら「当たり前」といった感覚や思い込みが、「無意識・無関心」のうちに相手にとってハラスメントとなる場合があることです。ハラスメントは職場で働く保育士等の環境、また何よりも子どもの心が育つ職場の環境を阻害する行為として「意識して」予防する必要があります。

　ハラスメントの背景は、ハラスメントや多様性について知らないことによる場合も少なくありません。知らないことが問題ではなく、知ろうとしないことが問題につながります。ミドルリーダーが率先して伝えてあげましょう。

　人生設計は多様です。男性やパートタイムの保育士等に育児休業が必要になることもあります。介護休業も同様です（育児休業、介護休業等育児又は家族介護を行う労働者の福祉に関する法律（育児・介護休業法））。例えば「適齢期じゃない」「介護休業なんてうちは前例がない」などは、業務上必要な言葉とはいえず不適切です。性差は多様で、女性同士はもちろん、性別を問わずセクシャルハラスメントは生じ得ます（雇用の分野における男女の均等な機会及び待遇の確保等に関する法律（男女雇用機会均等法））。例えば「もっと男らしく」「ちゃんと女らしく」などは業務上必要な言葉とはいえず不適切です。人の関係性は多様で、個人への無関心さや人間関係からの疎外も**パワーハラスメント**になり得ます（労

メモ

補足説明
固定観念
保育所保育指針では、子どもに「こうあるべき」といった固定的な意識を植え付けることがないように、個人差に十分に配慮することとしている。自己の価値観や言動を省察することで、職員一人ひとりが可能性を伸ばし、自己実現を図ることが求められる。

補足説明
OK 牧場
安心できる安定した関係のもとで、受容的・応答的なかかわりを通して形成されていく、ありのままの自分やありのままの相手に対する基本的信頼感。交流分析で使われる、信頼度を表わす心理学用語。

用語
パワーハラスメント
人間関係や経験などの多様な「優位性を背景」に「業務の適正な範囲」を超えて「職場環境」を悪化させる行為。ハラスメントはメンタルヘルスに影響したり、「弱い者」に対して、さらなるハラスメントを引き起こしやすい。強い指示語、命令語、禁止語、否定語や乱暴なしぐさや態度などが不用意に出ないように、相談窓口、規定、研修等を充実させる必要がある。

働施策の総合的な推進並びに労働者の雇用の安定及び職業生活の充実等に関する法律（**労働施策総合推進法**））。例えば「リーダーのくせに」「最近の新人は宇宙人」などは業務上必要な言葉とはいえず、不適切です。

🫖 職場環境を快適にするための適切なかかわりや指導

　不適切だから違反といったことではなく、人のあり方や働き方にかかわる問題です。ハラスメントを恐れて、関係や対話から距離をおいてしまったのでは、本末転倒です。保育は「かかわりの仕事」です。不適切なかかわりを避けることも大切ですが、適切なかかわりを考えることのほうが、さらに大切です。一人では成長や気づきが限られるからこそ、互いが心理的に安全・安心な状態（**心理的安全性**）で自己表現をしやすい関係になるように指導することもされることも必要です。しかることもしかられることも大切です。それが本当に適切なかかわりか否かは、相手のよりよい成長を心から願ったうえでの言動か否かです。

　感じたまま感情的にしかるのではなく、愛情（相手の成長に対するねらいや目的）をもってしかることが大切です。愛情があれば、客観的にみても「一方的」「威圧的」「理不尽」にはなりませんし、「大きな声」「長時間」「何度も蒸し返し」「みんなの前」である必要もありません。相手の表情をよく見ていれば、適切な言動ができているかわかります。表情を見てわからなければ相手の話を真摯に聞きましょう。本人に聞けなければ見聞きしていた保育士等や子どもたちが、理由もわからず不快な気分や不安な気持ちになっていないか聞いてみましょう。

　自分や相手の不適切な言動に傷ついたことに気づいたら、速やかに対話し、繰り返さないように関係を築き直せばよいのです。普段からかかわりから逃げずに向き合い、小さなコミュニケーションを積み重ねる努力をしていれば、安心感や信頼関係が生まれて互いの理解も深まります。こうした関係があれば、**適切なかかわり方**や迷いのない指導もわかってきます。

🫖 保育現場の雇用管理では「休み方」「休ませ方」を意識

　保育所は、休憩時間が実質的に取得しづらい職場環境となっていることが多く

補足説明

労働施策総合推進法
2019（令和元）年の改正で、初めてパワーハラスメントの防止が規定され、「パワハラ防止法」とも呼ばれる。働き方改革の一環として、多様な労働者が不安を感じずに、生きがいをもって安心・安定して働けるように改正された。多様性に寛容な社会とイノベーションの実現を目指している。

補足説明

心理的安全性
「ミスや失敗をしても大丈夫」「声をかけたり意見を言っても大丈夫」「助けを求めたりチャレンジしても大丈夫」など、自分らしさやその人らしさが心理的に安心して発揮できる状態やその雰囲気。自然にコミュニケーション（対話）がとりやすく、変化に対する心の安全管理が保障しやすい状態。

補足説明

適切なかかわり方
よくかかわり（観る、聴く、声をかける等）、よく指導する（問いかける、助言する、フィードバックする等）ことは、ミドルリーダーとしての学びや保育理念に一歩ずつ近づくためにも必要になる。

メモ

あります。子どもたちのにぎやかな声に絶え間なく囲まれ、ほかの同僚や保護者と切れ目なく連携し、製作や書類業務等にもたゆみなく際限なく向き合い、成長につながる支援と安全管理を同時に実施する、そんなスーパーマン・スーパーウーマンのような保育士等は、息つく暇もないでしょう。職員室や休憩室などより、子どものそばにいたいという気持ちもよくわかります。

しかし、どんなに子どもたちの今の瞬間や将来を考えて夢中になって保育をしても、保育士等は生身の人間です。体力も気力も想像力も、無尽蔵に生まれてくるわけではありません。**生涯を通じて多様に変化しながら続く職業生活**のなかで、みんながいつも同じようにフルタイムをフルパワーで働けるわけでもありません。

そこでミドルリーダーのあなたはよりよい「働き方」「働かせ方」と同時に、よりよい「休み方」「休ませ方」を第一に意識してみましょう。限られた人員のなかで、勤務時間が1日6時間を超えるなら45分間、8時間を超えるなら60分間、休憩のための代替職員や休憩時間を分散したり、分割するなどの工夫をして休憩をとることが必要です。休憩のときに何気ない対話やちょっとした気づきも生まれやすくなります。加えて、自由に過ごせる**休日**も必要です。**年次有給休暇**も全職員にあります。話しかけやすいミドルリーダーになるためにも、自らが身代わりにならずに、保育士等の基本的生活習慣や安全・安心・安らぎの面でも、思いきって仕事を見直し、気持ちよく休憩や休日をとる意味を考えてみましょう。保育は生活や遊びを通して行われるため、保育士等の生活や趣味などを通して得られる学ぶ楽しさや意欲も保育に活かすことができるでしょう。

メモ

▎補足説明
休日
毎週少なくとも1回の休日（労働基準法第35条第1項）。心身の健康や安全・安心な職場環境を休憩により保護し、休日により確保する。職務の遂行や専念に向けて休息して心身の状態を整え、研鑽して鋭気を養うなど、メンテナンスを図る。

▎補足説明
年次有給休暇
雇入れ日から6か月間継続勤務し、8割以上の出勤で10日間の有給休暇を付与（労働基準法第39条第1項）。1年ごとに一定日数が加算して付与され、パート職員で勤務日数が少なくても、比例して付与される。毎年、10日間以上新たに付与される職員に関しては、年5日間は取得させることが使用者に義務づけられた。なお、保育所の指示を受けて受講する研修等は、業務上必要な研修等として有休とはならない。長く職業生活を続けていくにあたり、心身のリフレッシュを図ることを本来の目的としている。職業生活の安定や充実のためにも、計画的に、または必要となったときに取得しやすいように、職場で理解やルールやマナーを共有しておくことが望ましい。

≫ まとめの演習 ────────────

🌱 グループで話し合って、気持ちよく働くことができそうなルールやマナー
と、気がねなく休むうえで必要なルールやマナーを工夫して言葉にして、
しりとりをしてみましょう。

_____

_____

_____

_____

🌱 グループで話し合って、一緒に働いてみたいなと職員が気にかけてくれ、
よりよいご縁となるようなルールやマナーを「こ」「よ」「う」ではじまる
言葉でメッセージにしてみましょう。

ⓒ _____

ⓨ _____

ⓤ _____

メモ

- -

- -

- -

- -

第 **2** 節　専門職の人間関係

この節のねらい

- ・対人援助職の援助技術は、安全・安心な人間関係が土台にあると理解する
- ・感情労働の面から喜怒哀楽を適切に表現し合う感情教育を考える
- ・小さな対話やかかわりの積み重ねが保育所の雰囲気や風土となることを理解する

演習1　園長や職員との間で感じた心のなかの喜怒哀楽の感情の場面を具体的に一つずつ書いてみましょう。

（うれしい）	（楽しい）
（腹立たしい）	（悲しい）

演習2　演習1で感じた感情によって、自分がどのような状態となったか、以下の項目を参考に表現してみましょう。また、相手が適切に感じ取りやすく、自分にもできそうなよい表現方法を考えてみましょう。同じことをネコやイヌなど身近な動物の鳴き声や動きでやってみましょう。

メモ

- 目や顔の表情
- 体の動きや姿勢
- 言葉や声の調子や話し方
- 主語（私、あなた）、対象（全部、一部）、目的（ある、なし）の方向

対人援助職の人間関係と保育所の風土づくり

対人援助職とは、広く人を支える専門職を指す言葉です。保育士等も対人援助職の一つです。**日本標準産業分類**では、保育所は医療福祉に分類されます。保育士等は常に、子どもや保護者等にかかわります。そのかかわりを支えて心を育んでいくプロフェッショナルならではの、人間関係に関する喜びも悩みもあります。

保育士等の人間関係でまず想像されるのは、配慮が必要な子どもや保護者との人間関係かもしれません。しかし、ミドルリーダーがまず考えたいのは、職場の専門職同士の人間関係（**同僚性**）です。人間関係といっても難しく考える必要はありません。何気ない「おはよう」「お疲れさま」などのあいさつ一つで、職場の温度感を徐々に整えていくこともミドルリーダーならできます。

職場の人間関係の良好さは、子どもや保護者との人間関係の良好さに影響します。「よい保育所」「働きやすい保育所」は、「雰囲気のよい保育所」「何でも話をしやすい保育所」「認めてくれる人がいる保育所」と感じたことはありませんか。対人援助職における職場の人間関係は、保育そのものや保育所の風土に大きく影響します。

安全・安心な保育の土台となるかかわり、認める機能

職場のチームワークという人間関係の機能は、子どもたちや保護者との人間関係に影響し、保育所や保育士等の**自己評価**、客観的評価につながります。例えば、保護者に対する子育て支援で悩んだときに、まずは「大丈夫だよ」などと、互いの存在や小さな変化を認め合い喜び合える職場の人間関係があれば、落ち着いて

用語
対人援助職
医療・保健・福祉・介護・保育・教育など人と向き合い支援等をする仕事。

用語
日本標準産業分類
すべての経済活動を産業別に分類。保育所は医療や介護等と同じ医療福祉分野になる。

参照
第4章第1節「同僚性」（85頁）

補足説明
自己評価
保育士等の自己評価と、保育士等の自己評価に基づく保育所の自己評価がある。できているところ、よいところも認めて継続的に繰り返すことで、保育士等の専門性や保育の質の向上が図られる。

メモ

対応もできるでしょう。

そこで、認め合い喜び合える職場の人間関係を育むため、勤務する保育所のもつ次の①〜⑤のような体感的な知識や技術を、具体的に表現してみましょう。「あなたは（You）〜」を主語とした「ユー（You）メッセージ」ではなく、「私は（I）〜」を主語とした「**アイ（I）メッセージ**」に言い換えて、自分の感情や考えを伝えると、聞き手は評価や批判として受けとりづらく、「承認メッセージ」としてより肯定的で素直な表現となるため伝わりやすいです。

①あたたかい眼差しで丁寧に観る（目）

②思いを受け止め寄り添いながら聴く（耳）

③ちょっとしたあたたかい言葉かけ（口）

④心地よいふれあいやしぐさ（手）

⑤肯定的なとらえ方や意味づけによるおだやかな笑顔（心）

そして日々の何気ないかかわりのなかで体感的な知識や技術を共有し、向き合い話し合いながら、気づきを深めます。その繰り返しが、自分自身や保育所の等身大の人間関係の知識や技術となり、根づいていきます。

保育士等と保護者が認め合い喜び合う人間関係

毎日の小さなかかわりが繰り返されることで、明日の保育所の風土が生まれ、未来の子どもたちへの遺産（資産）として引き継がれていきます。保育士等は、職場の人間関係を通して明日の保育所の風土や文化づくりをする一員です。保護者も同様にその一員となり、保育士等と子育ての最善のパートナーとなる人間関係（**協同性**）を潜在的に求めています。

一方で保護者は、子どもとの人間関係、家庭や地域での人間関係、職場での人間関係などにおいて、さまざまな葛藤とジレンマのなかにいます。思い願う子育てが家庭だけでは実現できずに、子育て支援の専門機関であり、子育ての協同体である保育所に託す実情があります。そのため保護者と保育士等との人間関係では、保護者が子どもの小さな変化に気づき、子育ての喜びをともに感じられる人間関係が期待されます。そして、保護者の子どもとかかわる力や心の育ちのためにも、保育士等自身のありのまま今の状態を受け止めて認めながら**自己肯定感**を

メモ

用語

アイ（I）メッセージ

自分を主体とした一人称の表現。二人称の表現よりも相手への素直な感情表現になりやすい。三人称の表現はよいことはよりよく伝わるが（口コミ等）、そのほかは誤解を招きやすく注意が必要（うわさ等）。

補足説明

協同性

保育所保育指針では、主に保育士等との信頼関係を基盤に、子どもたちが思いを伝え合い試行錯誤しながら、それぞれの持ち味を発揮していく関係や、共通の目的が実現する喜びを味わい、互いのよさを認め合う関係として表現されている。

用語

自己肯定感

他者の期待・評価・比較によらず、自分自身を大切なかけがえのない存在だと思える感覚、感情など。他者への肯定感や幸福度とも関係する、ありのままの自分を肯定的にとらえることができる本来の力。

「我が国と諸外国の若者の意識に関する調査（内閣府）」等、各種調査では日本人は最も低いとされる。

用語

感情労働
感情を適切に受け止め、表現することが求められ、人の感情が労働内容に不可欠な要素として作用する労働。

補足説明

承認欲求
自分自身の存在や言動を認めたり、認められたい思い。自分自身や他者とかかわり、職業生活を健全に続けていくうえでの要素となる。

用語

報酬
金銭的報酬と非金銭的報酬がある。金銭的報酬は不満足を予防できるが、一定程度を超えると比例してうれしさを感じることはできなくなる（衛生要因）。非金銭的報酬は仕事そのもののやりがいや喜びとなるもので、ないとやる気が続かない（動機づけ要因）。職場の人間関係は動機づけ要因の促進要因とも抑制要因ともなる。

用語

プレジャーマネジメント
人間本来のありがたさやうれしいと感じる気持ちに着目した保育士等から生まれた保育士等のための感情教育。

高めていく必要があります。

保育士等の感性・感受性と感情労働

　保育士等は日々の子どもたちの感性や感受性を育むなかで、潜在的な自身の感性や感受性に自然に磨きをかけています。子どもや保護者の気持ちに寄り添い、さまざまな感情の揺れ動きのなかで感情を多く感じ取り表現する**感情労働**ともいえます。やわらかな人間性をもつ保育士等に魅了され、保育職を目指した人も多いと思います。保育士等にとって、子どもや保護者、職員から受け取る喜びの感情は、**承認欲求**を満たす労働の対価の一つであり、どんな**報酬**よりも実感を伴い、やりがいを感じるでしょう。保育所が子どもの成長を通して自分自身の人間性を高められる職場として魅力を感じることもわかります。

　子どもたちや保護者、職員との肯定的な感情関係は、働きやすいと感じる職場の人間関係と大きく関係があります。保育所の職員との人間関係では、専門職同士で支え合い協働する仲間だからこそ、「なんであの人は」「価値観が合わない」などと、残念な気持ちや疑問に思う気持ちが、そのまま有形無形の言動や態度で表出しやすいものです。感情は人から人へ響き渡ります。そのためミドルリーダーは、職場の人間と人間のよりよい関係を考えるとき、感情と感情のよりよい関係を考える必要があります。

保育現場からはじまるプレジャーマネジメント

　「うれしい」「ありがとう」の気持ちに気づき、それらの気持ちを自分自身や職員がとらえることができるように日常のちょっとした対話で表現していくことが、ミドルリーダーに期待される役割です。そうした言語・非言語のメッセージが笑顔や安心を生み出し、よさや魅力に気づきやすく、ありがたさを認め合う関係になります。それが保育現場からはじまる**プレジャー**（楽しみ、喜び）**マネジメント**であり、うれしい（喜）、ありがとう（感謝）の感情交換から楽しい（楽）前向きな思考や主体的な行動に行きつ戻りつしながら揺れ動く承認プロセスの循環調節機能です。

メモ

私たちは、認められると「うれしい」と感じます。うれしいと感じると「またやろう」と思います。子どもたちとともに感性や感受性を豊かに養う、**感情教育**の最先端にいる保育士等が、自ら楽しく働き続けたいと思う今の状態を整える等身大の技術です。「当たり前」「普通」「常識」と思わず、小さなうれしさや感謝を発見・発信・享受し、周囲と認め合える存在となりましょう。

保育士等は子どもたち等と生活をともにし、ともに心身を育む保育現場で、その小さな存在、変化、言葉にならない揺れ動きに対してうれしい気持ちを探索・感受・展開・発展しています。そのプロフェッショナルだからこそ、笑顔あふれる自己肯定的で楽しく働きやすいと思える職場が創造できます。そんな専門性・人間性の高い保育士等は、時代や世代を問わず憧れ続けられ、どこにいても、社会的評価や幸福感も高まります。

快と不快の感情のマネジメント技術の相乗効果

喜び等の「快」の感情を感じ取り表現する技術（プレジャーマネジメント）を考えてみましょう（図5-1）。自分や相手がうれしいと感じることは、反射行動です。反射行動は、乳幼児期の原始反射と姿勢反射のように、言動に対しすっきり速やかに反応できることに重点を置いています。うれしい気持ちを素直にすっきり表現しましょう（**ストローク**）。自分や相手がうれしいと感じにくいことは、反芻（はんすう）行動です。どうしたら肯定的な気持ちがよりよく伝わり、よりよい行動につながるかという視点で多様なとらえ方を分析し、適切と思い選択した考えを言葉にして伝えます（**ラベリング**）。自分や相手の気持ち、考え、動きに変化が見られなければ、適切な表現で繰り返してみたり（リ・ストローク）、違う言葉にとらえ直して送ります（リ・ラベリング）。うれしい気持ちや楽しい気持ちへの感度や交感技術が備わり、自分自身も職場も変化していきます。

次に、怒り等の「不快」な感情をコントロールする技術（**アンガーマネジメント**）を考えてみましょう。例えば、腹立たしいと感じたとき、すぐに反応したり、吸収するのではなく、それはなぜなのか背景となる不安やあせりや悲しみや寂しさなどの**一次感情**の状態、どうしたらよいのか（未来の自分や相手への願い）、できることは何か（今、自分や相手に可能なことと不可能なこと）をゆっくりと

5

働きやすい環境づくり

用語

感情教育
自分の感情を知り、適切に表現する教育。感情知能（心の知能指数）を磨く。

補足説明

ストローク
自分や相手の存在に関心をもってかかわるときの言葉や言葉によらない一つひとつのはたらきかけ。心の状態が「快」となるストロークを送ることで、自分や相手と安心して協働したり、力づけたりすることにつながる。具体的な例に、①日々の丁寧なあいさつや言葉かけ、②話を聴く、③アイコンタクト、④うなずき・あいづち、⑤笑顔、⑥拍手・握手、⑦身ぶり・手ぶり、⑧清潔な身だしなみ、⑨感謝の手紙等。

補足説明

ラベリング
人間は言葉というラベルを用いて膨大な情報・知識・経験等の一面を意味づけながら思考し、変化に対応して成長している。つまり、適切なラベルを用いて多様に意味づけることで、自分や相手の思いや考えに気づいて学び、適切な行動につなげることもできる。反対に、不適切なラベルを用い続ければ自分や相手への「レッテル」となり、行動や関係は固定化していく。

メモ

補足説明

一次感情

自分や相手が本当に感じている根っこにある気持ちや思いのこと。一次感情を感じたことによって結果として発生した感情が二次感情。怒りは二次感情であり、一次感情を受け止め、寄り添うことが怒りの理解、緩和、適切な表現になり、よりよい指導や信頼関係の構築につながる。

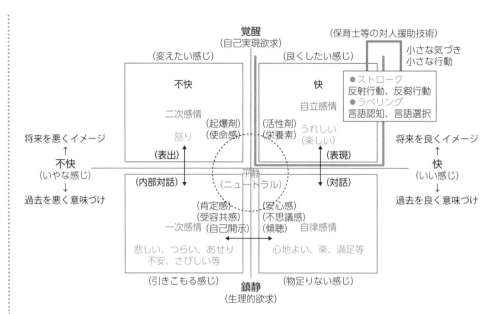

図 5-1　保育士等の快と不快の感情マネジメント

数回繰り返して問いかけ（内部対話）をします。すると、表面的な理由から、本質的な理由がみえてくることがあります。同時に、主観的に他責に感じていたことも客観的で建設的な自己解決や適切なアプローチが図りやすくなり、何よりも落ち着く効果があります。

　この快と不快の感情の適切なマネジメント技術が、自分自身の感情をよりよく把握し、適切に安心して気持ちよく表現する効果を生み、職場の人間関係を円滑にする相乗効果につながります。

メモ

>> まとめの演習

🌱 動物を描いた絵や折り紙でつくった指人形や身近なぬいぐるみ等を間接的に用いて、それらになりきったつもりで気がねない本音の言語や非言語での表現に感情を込めて、人間関係をテーマに対話をしてみましょう。また「アイ（I）メッセージ」も使ってみましょう。そして、感じたことを話してみましょう。

_____

_____

_____

_____

🌱 うれしい気持ちや笑顔になれそうな自分や相手を認める言葉を各グループで分担、協働して、あ行からわ行まで対話をしながら書き出してみましょう。
また、今の自分が一番心に残った言葉を一つ選び、グループ全員からその言葉を順番に言ってもらいましょう。そして、感じたことを話してみましょう。

_____

_____

_____

_____

メモ

- -

- -

- -

- -

5

働きやすい環境づくり

第 3 節　ICT の活用

この節のねらい

- ICT に親しみを感じ、効果的に導入するための ICT リテラシーを学ぶ
- 学びやすく、休みやすい自園に合った ICT を活用する必要性を理解する
- 保育現場で ICT を活用する保育士等の育成や短時間職員の活躍を考える

演習 1　あなたの勤務する保育所にあるさまざまな「電子機器」がどのようなはたらきや役割をしているか考えてみましょう。また、その「仲間」に「名前」をつけてみましょう。

演習 2　あなたの勤務日の一例を、「24 時間の時計」に色をぬって（または鉛筆で）分けてみましょう。
赤（またはぬりつぶし）：仕事、家事、育児、介護、通勤などの活動時間
青（または点々）：睡眠時間
黄（または斜線）：休憩、食事、お風呂などの生活時間
緑（または波線）：テレビ、スマートフォン、趣味などの自由時間
白：自己研鑽、自己啓発などの学習時間

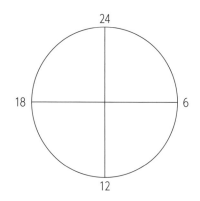

なぜ保育現場に ICT が必要なのか

　ミドルリーダーのあなたは、職場の雇用管理や人間関係が大切なことは実感していると思います。ただ、不安も大きいでしょう。それは個々のコミュニケーションの専門性によるものと同時に、物理的かつ量的な人数、時間、機会、空間が限られているからかもしれません。保育現場の1日には**保育標準時間**（最長11時間）があり、単純に1日の法定労働時間（原則8時間）と比較すると保育標準時間のほうが長いです。保育時間は、子どもたちとの保育の時間が中心ですが，豊かな遊びや活動と健康で安全な生活や発達を保障する場でもあることから、保育士等にはその他の各種書類や製作や会議などをはじめ間接的な業務も無限に感じるほどに多くあります。つまり、シフトや配置等に配慮しながら、その他の業務は職場の実情に合わせた工夫と連携で勤務時間（法定労働時間）内に終える必要があるのです。また、研修の機会も勤務時間内に確保する必要があります。

　そこで個々の専門性、チームワーク等とともに、**ICT**の可能性を考えてみましょう。ICTとは端的にいえば、通信技術を活用したコミュニケーション技術です。ITとの違いは、コミュニケーション（C）の概念が加わる点です。日常生活のなかでも、いろいろな電子機器があることでコミュニケーションがとりやすくなった、楽になった、できるようになったと感じたことはありませんか。私たち人間の生活や仕事は一人では成り立たず、コミュニケーションを通して営まれています。そこに電子機器があることでスムーズになっていることもたくさんあります。職場でも同じです。例えば、ICタグを利用した登降園管理による出欠状況の確認や遠隔カメラを利用した防犯や見守りなど、助かるなと思うものも身近にあるでしょう。保育分野でも、ICTの技術で保育士等をサポートすることが期待されています。

保育士等にとっての ICT リテラシー

　ICTは私たちの生活に溶け込み、進化を続けています。例えば、多機能のスマートフォンやタブレット等を子どもたちが遊びのなかで楽しむ姿も珍しくありません。電子絵本、電子玩具、知育アプリケーションなど保護者から適切な使い方を

用語

保育標準時間
保護者の就労時間等、保育を必要とする事由によって、保育標準時間と保育短時間（最長8時間）に区別される。それ以外に延長保育の時間等がある。

5

働きやすい環境づくり

用語

ICT
Information and Communication Technology の略語。日本では「情報通信技術」と訳される。IT はコンピュータ関連の技術、ICT はコンピュータ関連の技術の活用方法を示すなど、言葉の使い分けが進んでいる。

メモ

用語

個人情報保護法
個人情報の適正な取り扱い等を目的とした法律。人為的なミスとなる書類の混在や遺失・忘失、SNS での不用意な投稿など、保育現場でも丁寧な配慮が求められる。保育所では、子どもや家庭の経済状態、生育環境、発達過程等、通常は知り得ない機密を取り扱っている。そのため、職業倫理の面からも、例えば、飲食店などの公共の場での日常会話などにも特段の守秘義務が生じる。

用語

ICT リテラシー
ICT への意識や感覚なども含めた ICT を適切に活用する素養となる知識や能力。日常生活のなかでも興味をもって楽しみながら触れることで、五感を通じて自然に養っていくことができる。

用語

コア業務
本来の目的を達成するための主となる業務。保育現場では、子どもの最善の利益やそのための保育の質の向上等に直結する業務。対義語はノンコア業務。

相談されることもあります。今後 ICT は、より活用しやすく標準化されていくでしょう。職場では**個人情報保護法**の観点からも、職員や保護者に SNS 等のソーシャルメディアの利用規程等を設ける必要もあります。

　ICT に詳しくなる必要はありませんが、関心や関係のないものとしてしまうと、保育士等の **ICT リテラシー**は育たず、多様な変化や成長の可能性のなかで閉ざされた感覚を感じることが出てくるかもしれません。すでに医療や介護、教育などの現場では ICT の導入が進み、中核となる業務（**コア業務**）を明確にして注力しようとしています。電子カルテ、電子黒板、電子掲示板、テレビ会議など、身近な様子を意識して見たり触れたりするとおもしろさも感じやすいものです。保育現場でも老若男女を問わず、一歩ずつ常に ICT の導入による業務改善のよい機会と方法を考え、職場内の環境と照らし合わせてみましょう。そして、ICT の導入により、よりよい対話やコミュニケーションが生まれやすい環境づくりがどのようにできるか考えてみましょう。

ICT の導入からみる保育士等の専門性の向上

　日進月歩で技術革新が進む社会の未来では、人の仕事は感情体験や感性が必要な仕事が中心になるとも考えられます。子どもの心の育ちにかかわる保育所や保育士等はますます社会に期待されていきます。すでに多様なニーズや課題のもとで保育の質の向上を図るには、今の保育所や保育士等の力や量や方法だけではなく、何らかの変化に適応しながら工夫やチャレンジが必要だと感じることも多いでしょう。そのとき、ICT の可能性を想像しながら、各種の保育業務の子どもへのかかわりの強弱や優先度を考え、次の観点から保育士等の専門性がより楽に楽しく楽しみ合いながら発揮しやすい職場づくりを考えてみましょう。

> ①「ほ」んとうにしたいことができるようになるか
> ②「い」きいきと喜んで楽しくできるようになるか
> ③「く」ろうしても楽に早くできるようになるか

メモ

ICT で保育現場の「学び方・休み方改革」を実現

みなさんは、持ち帰り業務に直面したことも多々あるのではないでしょうか。持ち帰り業務は、在宅ワークやテレワークとして扱うこともできる「仕事」です。また、専門職の保育士等は自ら積極的に気づきを得たり、学び直すこと（**リカレント**）が必要で、職場の内外で自己研鑽や自己啓発が欠かせません。一方で、保育所の指示による研修は「仕事」です。ミドルリーダーは、そのことに目をつぶらず、仕事の目的に照らしながら等身大でできそうな小さな一歩から身のまわりの「当たり前」を見直す方法がないか考えていきましょう。常に心身に緊張感をもって子どもや保護者に向き合っている保育士等にとって、日々の**働き方改革**は「学び方・休み方改革」から考える必要もあります。

保育所保育指針等でも、安心で安全な環境下での子どもの休息の必要性に多くふれていますが、これは多くの子どもたちに向き合っている保育士等にとっても同じです。保育士等の適切な休息がないままだと、生き生きとした健全なチームワークや個々のライフステージに応じた自己実現を図るのが困難になっていきます。「もっと知りたい」「もっとやってみたい」といった保育士等がもつ子どものようにまぶしい好奇心も、過重労働のなかではかすんでしまいます。

具体的には、①勤務時間内にできることとすべきことを同じにする、②休憩・休日を法定どおり取得する、③勤務時間と自己研鑽の時間を区別する、の三点をまず意識してコツコツと習慣づけましょう。

そのうえで、1日5分でも10分でもよいので、**eラーニング**を活用するなどして、知りたいこと、やりたいことを楽しく学びましょう。例えば、スマートフォンを使って、1日10分、お風呂のなかでコミュニケーション技術、製作、振り付け等のさまざまな動画をリラックスした環境で楽しんでいる保育士等もいます。

保育現場における勤怠管理の曖昧さ

あなたの保育所では、職員の時間管理や休憩管理が**属人的**で曖昧になりやすい傾向にありませんか。

例えば、シフト表（勤務表）を慣習的に手書きで作成してきた保育所も多いで

用語

リカレント
経験や学びなどを循環させること。人は未成熟で、未完の存在であり、人生は最後まで学びの連続となる。何度でも学び直すことが必要になり、何度でも学び直すことができる。

参照

第5章第1節「働き方改革」（112頁）

用語

eラーニング
インターネット等を通じた情報通信技術による学び。電子的な（electronic）学習が直訳。学習環境資源（人、教材、予算、情報、時間、場所、機会等）が限られやすいなか、機能的で有機的な学習技術として向上が進んでいる。

用語

属人的
特定の人にしかわからない状態。連携、サポート、育成等がしづらく、事故やトラブルのリスクにもなる。

5

メモ

しょう。工夫して丁寧につくられていますが、変更も多く、その管理は容易ではありません。職員間でシフト変更の共有ができず、人員配置が臨機応変にしづらくなります。出退勤時間の管理や集計も特定の保育士等に頼りがちです。大変な労力を要しているので、個々の保育士等の動きが増え、保育所やチーム全体の**働き**が落ちます。残業時間や休憩時間の管理も後手に回って曖昧になりやすいです。

一方で、シフトの希望を入力すれば、保育士等の希望を均等に把握し、正確に短時間でシフト表を作成することも、ICTを活用すれば実現できます。**ノンコンタクトタイム**を職員人数等に応じてあらかじめ設定して、出番や役割を分散し、ケガや事故などにつながるおそれもある、子どもとかかわりながらほかの業務を同時に行う「ながら保育」をなくすこともICTにより客観的に見直すことで進めやすくなります。

また例えば、保育士等が体調不良等で当日休んだり遅延をしたときも、ICTを活用するとシフト変更や休憩時間、年次有給休暇が簡単に把握できます。書類業務や急な変更対応等も目で見て管理・共有ができ、業務を効率的にしやすくなり、持ち帰り残業もありません。心身が休まり、保育や保護者の子育て支援に専念できます。また、各々の業務の可視化・共有化・効率化・標準化・高度化が進むことで、職員間のコミュニケーションも活発になります。

「ICTリーダー」を育成し、職場環境をコーディネートする

ICTは、必ずしもミドルリーダー自身が精通する必要はありません。新任・若手や、最新の電子機器等が好きな保育士等が関心をもってくれることも多いです。一度、ICTを活用した職場環境づくりを話し合ってみましょう。最初は「こんなこといいな、できたらいいな」といった感覚で、好奇心や想像力を膨らませ楽しみながら、身近なスマートフォン等の機能やお役立ちグッズを探してみましょう。

身近なソフトやアプリケーションの活用例では、動画での対話、15分休憩等の休憩シフト管理簿、保育士等の誕生日シフトや体調管理シフト、保育士等ごとの休憩チャイム、保育士等のうれしいニュース配信、引き継ぎ管理など職場の課題に応じてさまざまにあります。**5S活動**のなかでも基礎・基本となる2S活動（保育に必ず必要なことを**整理**、誰でもわかるように**整頓**）からでも意識してはじめ

用語

働き
ここでは「働き」と「動き」を区分。働きは、機能してかかわり合い価値を生み出している仕事。動きは、目的につながらない作業等。

補足説明

ノンコンタクトタイム
子どもに直接かかわる仕事以外の仕事を、子どもがいる場を離れて行う時間。例えば、職員同士が対話しながら行う会議や行事準備、手元を見ながら集中して書く書類、計画を考えながらつくる教材準備、保育環境を点検しながら行う清掃作業や壁面装飾等、子どもが目の前にいなくてもできる仕事の時間を休憩時間とは別に勤務時間内に設定する。

用語

5S活動
仕事の考え方や職場で行動の基本となる①整理、②整頓、③清掃、④清潔、⑤しつけの5つの活動。

メモ

128

てみると、職場がすっきりとしてきます。ICTを積極的に検討したり、より高度に運用するための余裕やアイデアも生まれやすいです。

　ある保育所では年中行事の担当のように、若手の保育士等が環境委員会のなかのICTリーダーとなって、５Sリーダーである非常勤のベテラン職員に操作方法を伝えています。ICTの活用が双方向的なコミュニケーションと業務改善を生み出すきっかけになり、今までは指導を受けていた若手の保育士等に、誰かの役に立ち、感謝された実感が生まれたことで、互いが学び合う風土が芽生えました。

用語

整理

職場環境の改善のためのファーストステップ。具体的には、①必要な業務の目的と標準時間を子ども、保護者、職員等の目線でつくり、②必ず必要かそうでないか思い切りよく区別し、③ポイントをしぼって順番を立てて、④ミドルリーダー等と一緒に客観的に取り組み、⑤成果を感じやすいように定期的に評価すること、等がポイント。

用語

整頓

「もの」だけではなく、情報やコミュニケーションなどの目に見えない「こと」も考える。①必要なことを、②必要なときに、③誰でも共有でき、④誰でもわかり、⑤誰でも使えること、等がポイント。単純な間違いがあればすぐに気づき、新人職員や短時間勤務の職員等でも探したり迷ったりしない状態が目安。

5

働きやすい環境づくり

メモ

🌱 一人で抱え込まずに、今より休憩時間や休日をとりやすくしたり、勤務時間内に職場の研修や話し合いができ、勤務時間外に自己研鑽や趣味の時間をもちやすくしたりするために、どのような改善をしたらよいでしょうか。子どもたちへの影響を中心に考えながら自分でもできそうな改善策を話し合ってみましょう。そのうえで、ICT で代用できることはないかを考えてみましょう。

_____

_____

_____

_____

🌱 保育所に 100 年後の未来からロボット園長が来ました。ロボット園長のICT ツールを使ってどのようなことでも実現できるとしたら、職場環境をよくするためにどのような ICT ツールがほしいですか。今まで保育所で取り組んできたことと、ICT ツールを活用してできるようになることについて話し合ってみましょう。

_____

_____

_____

_____

メモ

- -

- -

- -

- -

- -

第 **4** 節　職員のメンタルヘルス対策

この節のねらい

・正と負のストレスを知り、保育所内外での毎日のセルフケアを考える

・ミドルリーダー等を中心としたラインケア（チームケア）を理解する

・仲間とのピアサポートと自分自身のメンターを考える

演習1　あなた自身の「今の心の状態」を見つめて、心の状態を書いてみましょう。また、あなたの「心の状態」を見つめ、感じたことも書いてみましょう。

演習2　あなたの人生のストーリーのなかで、ストレスを比較的少なく感じたのはいつ頃で、それはなぜでしょうか。また、ストレスを多く感じていたのはいつ頃で、それはどうしてでしょうか。思いつくまま書いてみましょう。

メモ

☕ 「心」を使い「心」を支援する対人援助職のストレスケア

　保育士等は、毎年の定期健康診断や日々の体調管理等で体の健康管理を心がける必要があります。それでは、**心の健康管理**はどうでしょうか。心は目に見えず、医学的にも心理学的にも多様な見方があります。子どもたちや保護者へのケアを日々行う一方、自分自身や保育士等の心のケアは後回しに考えがちです。

　対人援助職である保育士等は、心を通じて人（あなた）と人（子ども、保護者、職員等）がかかわり合い、心の育ちを見守って支える専門職です。そのため毎日の保育のなかで、気配りや配慮など、気づかぬうちに心をたくさん動かしています。心は体と同じく、動かせば自然と汗をかき、疲れもします。体には適切な食事、運動、睡眠、手洗い、うがい、歯磨きや入浴、着脱衣、排泄等の基本的生活習慣が大切であるように、心も意識して適切なエネルギー補給、チャレンジ、リフレッシュ、リラックス、ケア等をすることできらりと磨かれ、少しずつ丈夫にもなります。

☕ ストレスは悪者⁉

　保育現場は、他者の心とかかわり自分自身の心（人間性）を磨き育てることができる場所です。異なる人と人とがそれぞれの心を通わせようと活動や生活をするなかでは、何らかの摩擦がはたらき、ストレスがあるものです。また、**ストレスは心身を守るために必要な反応でもあります。例えば、不安や緊張を感じたとき、体のなかではストレスホルモンが分泌され、交感神経が優位になります。いつもより脳に血液や糖分が届くため、頭もしっかりはたらき、不要な感覚を抑えてくれることで、集中すべきことに集中できます。

　このように考えると、ストレスは一概に悪者とはいえません。子どもたちにかかわる仕事への使命感、職員同士の責任感、保護者および保育所からの期待感や緊張感は、子どもたちをかかわりのない他人ではなく、かけがえのない身近な存在と感じるからこそ高まります。そしてそれはやりがいにもなれば、ストレスにもなります。言い換えれば、ストレスを適度に適切に保てばやりがいにも変わるのです。どこからも誰からも全く少しもプレッシャーや緊張感を感じなければ、

用語

心の健康管理
労働安全衛生法第66条の10。労働者の心理的な負担の程度を把握するための検査（ストレスチェック制度）を、定期健康診断のように原則義務化。主な目的は、①労働者のメンタルヘルス不調の一次予防、②労働者自身のストレスへの気づきを促し、ストレスの原因となる職場環境を改善すること等。

用語

ストレス
外部の変化や刺激をとらえた心身の状態。周囲の変化や刺激に対応し、新たに適応しようとして、心身の緊張状態などストレス反応が生じる。身を守る、課題に挑戦するなどに必要な反応だが、過度な状態で放置したままだと、心身の健康が保持しにくくなる。

補足説明

積極的休養
心身の疲労やストレスと関連する休養は、二つの側面から考える。①「休む」こと。仕事や活動によって生じた心身の疲労を回復し、元の

メモ

自分一人でモチベーションを保ったまま地道に地に足をつけ、成長につながる一歩や後押しを感じることも少なくなっていくでしょう。

　一方で、一人ひとりの心には成長に応じた変化や許容量があります。互いの関係やおかれた環境の状態等により、感じ方、とらえ方、受け止め方等に違いも出ます。また、心の健康不良の二大要因となるハラスメントと長時間労働は、個人の力だけでは予防することが難しいものです。だからこそ、生き生きと働きやすい職場環境づくりには、**積極的休養**やメンタルヘルスに関する関心と理解が必要です。メンタルヘルスマネジメントの技術を身につけ、ストレスを「なくす」ことではなく、「うまくつきあう」「うまく活用する」ことが大切です。

一番大切な日々のセルフケアを身につけよう

　メンタルヘルスマネジメントの方法は、①ストレスによる心身の反応を予防・対処する方法（セルフケア等）、②**ストレッサー**等の不快な刺激自体を予防・対処する方法（ラインケア等）が基本になります。ストレスの原因はさまざまで、個人差や成育差等もあり、予測や自己解決が難しい場合もあります。また、相手の心と接する対人援助職には、まず自身の心が健康状態にあることが必要といえます。

　そこで心身の反応を緩和し、時に強化したりと、自分自身の今の心の変化を感じて心の健康状態を保つためのセルフケアの技術が大切になります（**ストレスコーピング**）。あなた自身が、自らの心の存在と今の状態に気づき、自らケアする意識をもち、心のバランス感覚を整え、健康になる方法を見つけましょう。

自分自身のセルフケアを発見し、習慣化しよう

　セルフケアは、自分自身の心の健康状態や自己肯定感を高めるケアとなります。食生活や睡眠などの基本的な生活習慣を見直すと同時に、自分自身の感性に響き、好奇心が動くものを楽しんで続けることも大切です。次の項目を参考に、セルフケアにできそうな具体的な方法を、日常生活やストレスの度合いをイメージしながら考えてみましょう。また、ほかの保育士等が行っているセルフケアを聞き、

メモ

活力ある状態に戻す。②「養う」こと。明日に向かっての鋭気を養い、身体的・精神的・社会的な健康能力を高める。真の休養には、睡眠はもちろんのこと、リラックスして自分を見つめたり、好きな趣味や学習をしたり、家族の関係を調整し、将来への準備をするなど、積極的に時間を確保し、ねらいを立てて休養することが必要になる。例えば、確保した時間に応じて以下のようにねらいを選択して休養する。

①分単位の休憩：活動で生じた心身の疲労の回復
②時間単位の私的時間：翌日の活動力の再生
③1日単位の休日：疲労負債の回復、対人関係の修復、素養資産の形成
④週単位の休暇：心身のリフレッシュ、人生設計の準備

用語

ストレッサー
ストレスの原因となる刺激そのもの。長時間労働やさまざまなハラスメントもその一つ。

用語

ストレスコーピング
不快な刺激を受けたり、それに対して心身が反応をしたときの対処。

自分自身に合いそうな方法があれば取り入れてみましょう。

①五感からのリフレッシュなどの感覚作用（知覚的健康）

②ストレッチ、深呼吸、適度な運動などの身体作用（身体的健康）

③笑う、泣く、話す、歌うなどの感情作用（情緒的健康）

④趣味や学習、小旅行などの環境作用（環境的健康）

　ストレスへの予防や実際にストレスを感じたときに、その程度に応じて、どのようなセルフケアをすると見方や受け方が変わり、リラックスしやすく気分がよく効果的かなど、あらかじめ楽しんで繰り返します。そして、継続して自然にできる習慣となるように、次の流れを参考にセルフケアに取り組んでみましょう。

---

① 「うれしい」「楽しい」「いいね」と感じたこと、好きなことなど、セルフケアにできそうな方法を、小さなことからリストアップする

（発見：望ましい思いにつながりそうな行動を多様な言葉にする）

⬇

②ストレスの予防や解消の種類や、その程度に応じて実験的に実施する

（発散：自分にもできそうな小さな目標を立て、小さな行動をしてみる）

⬇

③ストレスの減少や変化の結果を、5段階評価などで自分自身で判断する

（再発見：自分の行動や考えを観察し、記録する）

⬇

④セルフケアを日常的に意識して繰り返し、リストを更新し続け最適化する

（再発散：望ましい行動を強化する）

⬇

⑤ストレスを感じたら、最適化した方法を見直しながら続けたり、ほかの方法と組み合わせたり、切り替えるなどをして環境を整える

（変化：望ましい行動を導くように環境を整える）

🫖 チームでともに支え合うチームケア

　ミドルリーダー等は、できるだけ無理のない形でほかの保育士等の**心のケア**を

🌱用語

心のケア

ほかの職員の揺れ動く心の状態に関心を寄せ、観る、聴く、声をかけるなど今の心の状態を否定せず、認めるかかわりをする。価値観を押し付けずに相手の気持ちに反応していくと、少しずつ「話す」ことができ、マイナスの感情を解き「放す」ようになり、自分から「離す」ことで客観的に考えられるようにもなってくる。

メモ

- -

- -

- -

- -

することが望まれます。それが「ラインケア」です。保育所では全職員での「チームケア」と考えましょう。保育士等個人のセルフケアを、ミドルリーダーだけではなく職場の同僚として支えます。職場のハラスメントや長時間労働など、個人では気づきにくいことや対応できないことも、チームであれば気づき、支えられることがあります。このチームケアは、あなたの他者肯定感を高めるケアでもあります。他者肯定感が高まると、自己肯定感もさらに高まります。

　あなたが学んだセルフケアを紹介しながら、今度はほかの保育士等のセルフケアを一緒に考えることで支えることもチームケアの第一歩です。チームの意識次第でかけがえのない支えになります。

　ラインケアの実践については、日々の保育で子どもたちや保護者に実践している、次のような本来の技術をほかならぬ子どもたちのために、子どもたちの人的環境である職員に対して、大きな勇気で小さな一歩から実践していきましょう。

①視診…日々の行動を観察し、ちょっとした変化や不思議さに「気づく」
②傾聴…問うのではなく、**カウンセリングマインド**で声や思いを「聴く」
③受容…助言するのではなく、あるがままの存在をあたたかく「包み込む」
④共感…感情の揺れ動きを見守り、肯定的に思いを「受け止める」
⑤応答…言葉かけ、ほほえみ、ふれあい等のストロークで心の栄養を「贈る」
⑥尊重…自己決定や自己実現につながる意欲や気持ちの芽生えを「見守る」
⑦肯定…自己の気づきが自己肯定感や他者肯定感となるように「認める」

　職場のラインケアは、セルフケアに加えて次の項目に留意し、普段のあいさつや何気ない笑顔やちょっとした返事など身近な言動を最も大切に意識しながら、日々繰り返し行います。ミドルリーダー等の一歩一歩が起点となり、職員間の相互作用が機能し始めることで、心の健康状態や職場環境を害する不適切な言動にも互いに気づきやすく、抑制もしやすくなってきます。風通しのある気持ちのよい職場環境となり、互いの存在や言動を認め合いながら保育所の新たな風土が生まれてきます。

用語

カウンセリングマインド
相手に対して常に、①共感的で受容的な姿勢で無条件で関心をもち、②安全や安心感を感じてもらいながら、③気持ちを受け止めて、④主体的な思いや考えを尊重し、⑤自己肯定感の向上や自己実現を緩やかに促す。具体的な技法に、繰り返し（おうむ返し）、感情の明確化、肯定的なフィードバック、リフレイミング、自己開示等。

メモ

■ 補足説明 ▶

ストローク経済

認知のバイアス（ゆがみ）があるため、以下を意識してすっきりとあたたかいストローク交換をする。①与える、②求める、③受け取る、④断る、⑤自分自身に与える

① **ストローク経済**の好循環を意識して、職場全体でケア（環境のなかでのチームケア）

②気になる保育士等は**ストローク飢餓**に配慮（予防、早期発見）

③無意識に生じやすい**ディスカウント**に注意（無意識の言動の意識）

④ハラスメントは子どもに悪影響（放置せず園長等を含めて対策）

保育現場で望ましいピアサポート

保育士等が、自らの**心の健康づくり**に取り組みやすいメンタルヘルスマネジメントの機能として、セルフケアとラインケア（チームケア）を補完する、ピアサポートとメンターの存在を考えてみましょう。

まずは、ピアサポートです。ピアサポートとは、同じような立場や環境の保育士等によるサポートです。同期生のような存在と考えるとわかりやすいです。職場の勤続年数や立場等が近い人や、保育士養成校等からの仲間でもよいです。外部研修で出会ったほかの保育所の保育士等でもよいでしょう。同じ立場や環境での共通の体験を交わしているため、世代による差異等も感じにくくなります。

このような同僚や仲間による同じ目線や感覚で理解でき、寄り添い、支え合える親交的なケアが、ピアサポートです。ピアサポートは、親しみやすく具体的感覚をもって支えやすい双方向的なケアですが、次の三点に留意しましょう。

①保育所や個人の守秘義務を徹底する

②派閥のような集団性・組織性を出さない

③ケアの意識をもち、丁寧な言動に配慮する

ミドルリーダーに対するメンターの存在の重要性

メンターとは、仕事に限らず生活全般の相談役や先輩役としてモデルとなり支えとなる人のことです。そして職場の内外にかかわらず、あなたの心の支えとなり、お手本になると感じる存在があなたのメンターです。主に新人や若手保育士等に対して、直接の上司にあたるクラスリーダー等ではなく、何でも相談しやす

■ 補足説明 ▶

ストローク飢餓

心に栄養が不足していくと、無気力、無口、無表情、無関心、不機嫌、批判的、攻撃的等になり、どんなに否定的なストロークでも自分の存在や言動を認めるかかわりやはたらきかけを本能的に欲してしまう状態。

■ 補足説明 ▶

ディスカウント

自分や相手の状況に対して、存在や価値を割り引いてしまうちょっとした言動や意識。例えば、「どうせ」「でも」「もういい」「今?」「また?」などの言語や、舌打ち、ため息、早口、早足、粗雑なしぐさなどの非言語によるものがある。無意識のうちに不快で否定的な感情を生じやすく、さらなるディスカウントを引き起こし、進行しやすい。どんなことが無意識のうちにディスカウントになっているか言語化して意識し、減らしたり見直したりして互いに気を配って気づいていく。

■ メモ ■

い立場にいる先輩職員が配置されることが多いです。ベテランの短時間職員や事務職員が担当することもあります。ミドルリーダーが実質的にその役割を担っていることも多いでしょう。

たくさんの相談を受けやすいミドルリーダーにこそ、よき相談役やお手本となるようなメンターの存在が必要です。そしてそれは、職場で実際に配置されなくとも、自分自身で見つけられることが望ましいです。直接相談できない場合でも、人生の先輩としてよりよい状態や方向へ自然に導いてくれます。

保育所は職員数が限られているため、勤務先の保育士等ではなく、恩師や学生時代の先輩、歴史上の人物や著名人等をメンターとしているミドルリーダーもいます。メンターにも、もちろん得手不得手な分野や特徴があります。成長や変化に合わせながら、一人に限定せずに複数いてもよいです。身の回りで楽しみながら探してみましょう。そして、相手が身近に存在している等、できることならばメンターとなってくれている人にあなたの失敗や成長の過程を伝え、喜びをともにし、ライフキャリアを切り拓く道しるべとして、話をしたり聞いたりしてみましょう。きっと、一人では気づかなかった保育の喜びや楽しむ心など、職場での新たな発見が生まれるはずです。そして一つひとつの出来事や変化を柔軟に多様に受け止めながら、一人では思いもしなかったような喜びを感じる保育者人生を楽しんでいきましょう（**計画的偶発性**）。

メモ

🌱 「セルフケア」を10個リストアップして、日常生活やストレスの種類に応じた活用方法などで分類したり、みんなと共有したりしてみましょう。

_____

_____

_____

_____

🌱 次の観点から、明日から保育現場でできそうなことをグループで出し合ってみましょう。
　①心の栄養となる言葉・表現
　②心の栄養となる非言語表現
　③ちょっとだけウキウキ、ワクワクするチャレンジ
　④ホッと一瞬でもゆったりするリラックス

_____

_____

_____

_____

メモ

- -

- -

- -

- -

働きやすい環境づくり

<参考文献>（図書）

浅野喜起『喜びの発見』致知出版社、1994 年

C. ガンシュ、シドラ房子訳『オーケストラ・モデル——多様な個性から組織の調和を創るマネジメント』阪急コミュニケーションズ、2014 年

D. カーネギー、新島洋訳『道は開ける』創元社、1959 年

D. カーネギー、山口博訳『人を動かす』創元社、1958 年

D. ショーン、佐藤学・秋田喜代美訳『専門家の知恵——反省的実践家は行為しながら考える』ゆみる出版、2001 年

E. C. エドモンドソン、野津智子訳『チームが機能するとはどういうことか』英治出版、2014 年

エドガー・H・シャイン、金井壽宏監訳、金井真弓訳『人を助けるとはどういうことか——本当の「協力関係」をつくる 7 つの原則』英治出版、2009 年

F. ルロール、C. アンドレ、高野優訳『感情力——自分をコントロールできる人できない人』紀伊國屋書店、2005 年

H. セイフター、P. エコノミー、鈴木主税訳『オルフェウスプロセス——指揮者のいないオーケストラに学ぶマルチ・リーダーシップ・マネジメント』角川書店、2002 年

I. シラージ・E. ハレット、秋田喜代美監訳・解説、鈴木正敏・淀川裕美・佐川早季子訳『育み支え合う保育リーダーシップ』明石書店、2017 年

加藤浩一『TA を楽しむ本 心のおしゃれ——心の中に OK 牧場』沖縄教育出版、2000 年

国司義彦『感性の磨き方』産業能率大学出版部、1988 年

松下幸之助『素直な心になるために』PHP 研究所、1976 年

宮城まり子『キャリアカウンセリング』駿河台出版社、2002 年

野中郁次郎・勝見明『イノベーションの作法——リーダーに学ぶ革新の人間学』日本経済新聞出版社、2007 年

メモ

139

坂本真佐哉『今日から始まるナラティブ・セラピー——希望をひらく対人援助』日本評論社、
2019 年

汐見稔幸・久保健太編『保育のグランドデザインを描く——これからの保育の創造にむけて』
ミネルヴァ書房、2016 年

諏訪きぬ監、戸田有一・中坪史典・高橋真由美・上月智晴編著『保育における感情労働——保
育者の専門性を考える視点として』北大路書房、2011 年

谷口一美『学びのエクササイズ——認知言語学』ひつじ書房、2006 年

矢藤誠慈郎『保育の質を高めるチームづくり』わかば社、2017 年

<参考文献>（資料）

医療従事者の勤務環境の改善に向けた手法の確立のための調査・研究班「医療分野の「雇用の
質」向上のための勤務環境改善マネジメントシステム導入の手引き」2014 年

官民データ活用推進基本法「世界最先端 IT 国家創造宣言・官民データ活用推進基本計画」
2017 年

公益社団法人全国私立保育園連盟「ノンコンタクトタイム調査報告書」2019 年

公益社団法人全国私立保育園連盟「職場定着に関する調査報告書」2017 年

甲南女子大学国際子ども学研究センター「就学前教育における ICT 教育最前線」研究誌『こ
ども学』第 19 号、2017 年

厚生労働省「保育分野に係る事業分野別指針」2016 年

厚生労働省「労働者の職業生活設計に即した自発的な職業能力の開発及び向上を促進するため
に事業主が講ずる措置に関する指針」2001 年

厚生労働省・独立行政法人労働者安全機構「職場における心の健康づくり——労働者の心の健
康の保持増進のための指針」2017 年

文部科学省「日本の子供たちの自己肯定感が低い現状について」2016 年

内閣府・文部科学省・厚生労働省他「次世代育成支援対策推進法 行動計画策定指針」2015 年

奈良県「奈良県保育士実態調査等報告書」2014 年

仕事と生活の調和推進官民トップ会議「仕事と生活の調和推進のための行動指針」2010 年

社会福祉法人日本保育協会「保育に活かす記録 保育所保母業務の効率化に関する調査研究よ
り」1997 年

社会福祉法人日本保育協会「保育士における業務の負担軽減に関する調査研究報告書」2015
年

特定非営利活動法人キャリアコンサルティング協議会「キャリアコンサルタント倫理綱領」
2016 年

東京慈恵会医科大学「保育人材確保に関する調査 調査報告書」2017 年

<おすすめの書籍>

井庭崇・秋田喜代美編著『園づくりのことば——保育をつなぐミドルリーダーの秘訣』丸善出
版、2019 年

柏女霊峰監、全国保育士会編『全国保育士会倫理綱領ガイドブック 2009 年改訂版』全国社会
福祉協議会、2009 年

那須信樹他『手がるに園内研修メイキング——みんなでつくる保育の力』わかば社、2016 年

メモ

資料

保育所保育指針（一部抜粋）

（平成 29 年 3 月 31 日厚生労働省告示第 117 号）

第 5 章　職員の資質向上

第 1 章から前章までに示された事項を踏まえ、保育所は、質の高い保育を展開するため、絶えず、一人一人の職員についての資質向上及び職員全体の専門性の向上を図るよう努めなければならない。

1　職員の資質向上に関する基本的事項

⑴　保育所職員に求められる専門性

　　子どもの最善の利益を考慮し、人権に配慮した保育を行うためには、職員一人一人の倫理観、人間性並びに保育所職員としての職務及び責任の理解と自覚が基盤となる。

　　各職員は、自己評価に基づく課題等を踏まえ、保育所内外の研修等を通じて、保育士・看護師・調理員・栄養士等、それぞれの職務内容に応じた専門性を高めるため、必要な知識及び技術の修得、維持及び向上に努めなければならない。

⑵　保育の質の向上に向けた組織的な取組

　　保育所においては、保育の内容等に関する自己評価等を通じて把握した、保育の質の向上に向けた課題に組織的に対応するため、保育内容の改善や保育士等の役割分担の見直し等に取り組むとともに、それぞれの職位や職務内容等に応じて、各職員が必要な知識及び技能を身につけられるよう努めなければならない。

2　施設長の責務

⑴　施設長の責務と専門性の向上

　　施設長は、保育所の役割や社会的責任を遂行するために、法令等を遵守し、保育所を取り巻く社会情勢等を踏まえ、施設長としての専門性等の向上に努め、当該保育所における保育の質及び職員の専門性向上のために必要な環境の確保に努めなければならない。

⑵　職員の研修機会の確保等

　　施設長は、保育所の全体的な計画や、各職員の研修の必要性等を踏まえて、体系的・計画的な研修機会を確保するとともに、職員の勤務体制の工夫等により、職員が計画的に研修等に参加し、その専門性の向上が図られるよう努めなければならない。

3　職員の研修等

⑴　職場における研修

　　職員が日々の保育実践を通じて、必要な知識及び技術の修得、維持及び向上を図るとともに、保育の課題等への共通理解や協働性を高め、保育所全体としての保育の質の向上を図っていくためには、日常的に職員同士が主体的に学び合う姿勢と環境が重要であり、職場内での研修の充実が図られなければならない。

⑵　外部研修の活用

　　各保育所における保育の課題への的確な対応や、保育士等の専門性の向上を図るためには、職場内での研修に加え、関係機関等による研修の活用が有効であることから、必要に応じて、こうした外部研修への参加機会が確保されるよう努めなければならない。

4 研修の実施体制等

(1) 体系的な研修計画の作成

　　保育所においては、当該保育所における保育の課題や各職員のキャリアパス等も見据えて、初任者から管理職員までの職位や職務内容等を踏まえた体系的な研修計画を作成しなければならない。

(2) 組織内での研修成果の活用

　　外部研修に参加する職員は、自らの専門性の向上を図るとともに、保育所における保育の課題を理解し、その解決を実践できる力を身に付けることが重要である。また、研修で得た知識及び技能を他の職員と共有することにより、保育所全体としての保育実践の質及び専門性の向上につなげていくことが求められる。

(3) 研修の実施に関する留意事項

　　施設長等は保育所全体としての保育実践の質及び専門性の向上のために、研修の受講は特定の職員に偏ることなく行われるよう、配慮する必要がある。また、研修を修了した職員については、その職務内容等において、当該研修の成果等が適切に勘案されることが望ましい。

保育所保育指針

資料2	**保育所保育指針解説**

厚生労働省、2018 年

https://www.mhlw.go.jp/file/06-Seisakujouhou-11900000-Koyoukintoujidoukateikyo
ku/0000202211.pdf

資料3	**子どもの権利条約**

公益財団法人日本ユニセフ協会

https://www.unicef.or.jp/about_unicef/about_rig_all.html

全国保育士会倫理綱領

　すべての子どもは、豊かな愛情のなかで心身ともに健やかに育てられ、自ら伸びていく無限の可能性を持っています。

　私たちは、子どもが現在（いま）を幸せに生活し、未来（あす）を生きる力を育てる保育の仕事に誇りと責任をもって、自らの人間性と専門性の向上に努め、一人ひとりの子どもを心から尊重し、次のことを行います。

　　私たちは、子どもの育ちを支えます。
　　私たちは、保護者の子育てを支えます。
　　私たちは、子どもと子育てにやさしい社会をつくります。

（子どもの最善の利益の尊重）

1．私たちは、一人ひとりの子どもの最善の利益を第一に考え、保育を通してその福祉を積極的に増進するよう努めます。

（子どもの発達保障）

2．私たちは、養護と教育が一体となった保育を通して、一人ひとりの子どもが心身ともに健康、安全で情緒の安定した生活ができる環境を用意し、生きる喜びと力を育むことを基本として、その健やかな育ちを支えます。

（保護者との協力）

3．私たちは、子どもと保護者のおかれた状況や意向を受けとめ、保護者とより良い協力関係を築きながら、子どもの育ちや子育てを支えます。

（プライバシーの保護）

4．私たちは、一人ひとりのプライバシーを保護するため、保育を通して知り得た個人の情報や秘密を守ります。

（チームワークと自己評価）

5．私たちは、職場におけるチームワークや、関係する他の専門機関との連携を大切にします。
　また、自らの行う保育について、常に子どもの視点に立って自己評価を行い、保育の質の向上を図ります。

（利用者の代弁）

6．私たちは、日々の保育や子育て支援の活動を通して子どものニーズを受けとめ、子どもの立場に立ってそれを代弁します。
　また、子育てをしているすべての保護者のニーズを受けとめ、それを代弁していくことも重要な役割と考え、行動します。

（地域の子育て支援）

7．私たちは、地域の人々や関係機関とともに子育てを支援し、そのネットワークにより、地域で子どもを育てる環境づくりに努めます。

（専門職としての責務）

8．私たちは、研修や自己研鑽を通して、常に自らの人間性と専門性の向上に努め、専門職としての責務を果たします。

社会福祉法人　全国社会福祉協議会

全国保育協議会

全国保育士会

（平成 15 年 2 月 26 日　平成 14 年度第 2 回全国保育士会委員総会採択）

資料5　保育所における自己評価ガイドライン
（2020年改訂版）

厚生労働省、2020年

https://www.mhlw.go.jp/content/11907000/000631124.pdf

 資料6　保育をもっと楽しく　保育所における自己評価
ガイドラインハンドブック

厚生労働省、2020年

https://www.mhlw.go.jp/content/11907000/000631125.pdf

資料7

指定保育士養成施設の指定及び運営の基準について（一部抜粋）

（平成 15 年 12 月 9 日厚生労働省雇用均等・児童家庭局長通知）

注　令和元年 9 月 4 日子発 0904 第 6 号改正現在

（別紙 2 ）

保育実習実施基準

第 1　保育実習の目的

保育実習は、その習得した教科全体の知識、技能を基礎とし、これらを総合的に実践する応用能力を養うため、児童に対する理解を通じて保育の理論と実践の関係について習熟させることを目的とする。

第 2　履修の方法

1　保育実習は、次表の第 3 欄に掲げる施設につき、同表第 2 欄に掲げる履修方法により行うものとする。

実習種別 （第 1 欄）	履修方法（第 2 欄）		実習施設 （第 3 欄）
	単位数	施設におけるおおむねの実習日数	
保育実習 I （必修科目）	4 単位	20 日	(A)
保育実習 II （選択必修科目）	2	10 日	(B)
保育実習 III （選択必修科目）	2	10 日	(C)

備考 1　第 3 欄に掲げる実習施設の種別は、次によるものであること。

(A)…保育所、幼保連携型認定こども園又は児童福祉法第 6 条の 3 第 10 項の小規模保育事業（ただし、「家庭的保育事業等の設備及び運営に関する基準」（平成 26 年厚生労働省令第 61 号）第 3 章第 2 節に規定する小規模保育事業 A 型及び同基準同章第 3 節に規定する小規模保育 B 型に限る）若しくは同条第 12 項の事業所内保育事業であって同法第 34 条の 15 第 1 項の事業及び同法同条第 2 項の認可を受けたもの（以下「小規模保育 A・B 型及び事業所内保育事業」という。）及び乳児院、母子生活支援施設、障害児入所施設、児童発達支援センター、障害者支援施設、指定障害福祉サービス事業所（生活介護、自立訓練、就労移行支援又は就労継続支援を行うものに限る）、児童養護施設、児童心理治療施設、児童自立支援施設、児童相談所一時保護施設又は独立行政法人国立重度知的障害者総合施設のぞみの園

(B)…保育所又は幼保連携型認定こども園或いは小規模保育 A・B 型及び事業所内保育事業

(C)…児童厚生施設又は児童発達支援センターその他社会福祉関係諸法令の規定に基づき設置されている施設であって保育実習を行う施設として適当と認められるもの（保育所及び幼保連携型認定こども園並びに小規模保育 A・B 型及び事業所内保育事業は除く。）

備考 2　保育実習（必修科目） 4 単位の履修方法は、保育所又は幼保連携型認定こども園或いは小規模保育 A・B 型及び事業所内保育事業における実習 2 単位及び(A)に掲げる保

資料

指定保育士養成施設の指定及び運営の基準について

育所又は幼保連携型認定こども園或いは小規模保育Ａ・Ｂ型及び事業所内保育事業以外の施設における実習２単位とする。

備考３　児童福祉法（昭和22年法律第164号。以下「法」という。）第６条の３第９項に規定する家庭的保育事業又は、「家庭的保育事業等の設備及び運営に関する基準」（平成26年厚生労働省令第61号）第３章第４節に規定する小規模保育事業Ｃ型において、家庭的保育者又は補助者として、20日以上従事している又は過去に従事していたことのある場合にあっては、当該事業に従事している又は過去に従事していたことをもって、保育実習Ｉ（必修科目）のうち保育所又は幼保連携型認定こども園或いは小規模保育Ａ・Ｂ型及び事業所内保育事業における実習２単位、保育実習Ⅱ（選択必修科目）及び保育実習指導Ⅱ（選択必修科目）を履修したものとすることができる。

2　保育実習を行う児童福祉施設等及びその配当単位数は、指定保育士養成施設の所長が定めるものとする。

3　保育実習を行う時期は、原則として、修業年限が２年の指定保育士養成施設については第２学年の期間内とし、修業年限が３年以上の指定保育士養成施設については第３学年以降の期間内とする。

4　実習施設に１回に派遣する実習生の数は、その実習施設の規模、人的組織等の指導能力を考慮して定めるものとし、多人数にわたらないように特に留意するものとする。

5　指定保育士養成施設の所長は、毎学年度の始めに実習施設その他の関係者と協議を行い、その学年度の保育実習計画を策定するものとし、この計画において、全体の方針、実習の段階、内容、施設別の期間、時間数、学生の数、実習前後の学習に対する指導方法、実習の記録、評価の方法等を明らかにし、指定保育士養成施設と実習施設との間で共有すること。

6　実習において知り得た個人の秘密の保持について、実習生が十分配慮するよう指導すること。

第３　実習施設の選定等

1　指定保育士養成施設の所長は、実習施設の選定に当たっては、実習の効果が指導者の能力に負うところが大きいことから、特に施設長、保育士、その他の職員の人的組織を通じて保育についての指導能力が充実している施設のうちから選定するように努めるものとする。

　　特に、保育所の選定に当たっては、乳児保育、障害児保育及び一時保育等の多様な保育サービスを実施しているところで総合的な実習を行うことが望ましいことから、この点に留意すること。

　　また、居住型の実習施設を希望する実習生に対しては、実習施設の選定に際して、配慮を行うこと。

2　指定保育士養成施設の所長は、児童福祉施設以外の施設を実習施設として選定する場合に当たっては、保育士が実習生の指導を行う施設を選定するものとする。なお、その施設の設備に比較的余裕があること、実習生の交通条件等についても配慮するものとする。

3　指定保育士養成施設の所長は、教員のうちから実習指導者を定め、実習に関する全般的な事項を担当させ、当該実習指導者は、他の教員と連携して実習指導を一体的に行うこと。また、実習施設においては、主任保育士又はこれに準ずる者を実習指導者と定めること。

4　保育実習の実施に当たっては、保育実習の目的を達成するため、指定保育士養成施設の主たる実習指導者のみに対応を委ねることのないよう、指定保育士養成施設の主たる実習指導

者は、他の教員・実習施設の主たる実習指導者等とも緊密に連携し、また、実習施設の主たる実習指導者は、当該実習施設内の他の保育士等とも緊密に連携すること。

5　指定保育士養成施設の実習指導者は、実習期間中に少なくとも1回以上実習施設を訪問して学生を指導すること。なお、これにより難い場合は、それと同等の体制を確保すること。

6　指定保育士養成施設の実習指導者は、実習期間中に、学生に指導した内容をその都度、記録すること。また、実習施設の実習指導者に対しては、毎日、実習の記録の確認及び指導内容を記述するよう依頼する等、実習を効果的に進められるよう配慮すること。

演習の進め方

演習の方法

📚 演習実施のポイント

　本テキストは、「監修のことば」にあるように、キャリアアップ研修で受けた内容が園内研修にも活用されることを願っています。したがって、すべての巻を通じて、執筆者一同が知恵を出し、さまざまな形態の演習を盛り込んで内容を構成しました。受講生の皆さんは、本テキストを通じてさまざまな形態の演習を体験してください。そして、職場に帰ったときには、あなたが中心になって園内研修を進めていくことを願って、望んでいます。

　ここでは演習の基本的な進め方のポイントを紹介します。キャリアアップ研修を担当する講師の方は、テキストに出てくる演習課題を実施するうえでの参考にしてください。受講生の皆さんは、園内研修を進めるときに活用してもらいたいと思います。

📚 個人で行う演習

　テキストに掲載されている演習のうち、受講生が各自で行うものがあります。園内研修においても、保育士等が各自で実践を整理することがあるでしょう。個々人で行う演習の多くは、グループで話し合う前の準備として行われます。したがって、個々人で行う演習を有効に進めることは、その後のグループでの話し合いの効果を高めるためにも重要です。ここでは、「目的の伝達」「手順の明示」「まとめ」の順に、個々人で行う演習のポイントを示します。

◎目的の伝達

　演習を実施する前に、「なぜその演習をする必要があるのか」を必ず伝えましょう。それがないなかで進めると、目的意識が不十分なままで中途半端な演習に終わってしまいます。その後にグループでの話し合いがある場合には、なおさら個々人の演習の充実が大切です。

　個々人の演習においては、自身の経験を思い返し、整理できるようにすることが求められます。その整理された内容をもとに、グループでの話し合いを通じて、自身の経験の意味を問い直したり、別の視点から考えるきっかけを得たりできるようにつなげることが大切です。そのため、個々人の演習の目的を伝える際には、同時にその後グループで話し合うテーマも伝えておきましょう。

◎手順の明示

　目的を伝達した後に、演習の内容とスケジュールを説明します。「何をどのぐらいの時間を使って行うのか」をホワイトボードや配布資料などを使って視覚化して明示しましょう。そうすることで演習の手順に見通しがもてますし、忘れたら確認しながら進めることができます。その際、個々人で演習にかかる時間に違いが生じることを想定します。早く終わった人には、次にグループで話し合うときの準備を意識してもらうなど、進捗状況を見ながら間延びしないような指示が出せるようにしておきましょう。

◎まとめ

　演習を通して学んだことを整理して伝えます。演習中に全員の様子を見て、ほかの人の参考になりそうな意見や考えをメモしておきます。多様な視点からの解釈や分析を行った人たちに説明してもらったりしてもいいでしょう。また、隣同士や近くの人と演習の結果を共有する時間をもつのも有効です。

　そして、演習の最後にどういったことを学んだか全体に話しましょう。その際、必ず事前に伝えておいた目的と対応させます。さらに、印象に残るような言葉やキーワードを入れて、学んだことを実感しやすいようにすると成果を実感しやすくなるでしょう。

📚 複数（グループ）で話し合う演習

　複数で進める演習の場合、「各自が感じたことや考えたことを話したけれど、トピックがバラバラでまとまりがなかった」「積極的に話が出なかったため、一人ずつ当てて順番に話をしていった」という状況は望ましくありません。そこで、次の項目について留意しましょう。

◎目的の伝達と素材の確認

　まずは個々人の演習と同様に演習の目的を伝えます。その際、グループで話し合うときに使用する素材も同時に確認しましょう。使用する素材や教材は、演習によって異なります。個々人で持参したものもあれば、事前に個々人の演習を通して準備したものもあるでしょう。目的を伝える際には、その素材も用いて説明することでグループでの話し合いのイメージがつかみやすくなります。

　例えば、「持参した記録や写真から子どもの気持ちを読みとるため」「先ほど個々人の演習で整理した内容をもとに、各自のこれまでの経験を共有し、多様な視点を知るため」など、丁寧に説明しましょう。グループのメンバーが目的を共有することが話し合いを有効に進める最初のステップです。

◎グループの人数と分け方

　グループの人数は、1グループ3〜6名程度の小グループが望ましいです。グループの分け方は、似た立場から話を深めるようなテーマであれば、同質性を重視して、担当クラス別、経験年数別など、共通項の多い者同士で構成します。一方、多様な意見から気づきを促すような演習のテーマであれば、異質性を重視して、共通項の少ない者同士を組ませるようにします。

◎アイスブレイクの方法

　グループで話し合いをする際、緊張した雰囲気がある場合には、最初にメンバーの気持ちが和むようにアイスブレイクを用いることがあります。数分でできるものをいくつか紹介します。

①後出しジャンケン
　「ジャンケン、ぽん、ぽん、ぽん」のかけ声で行う。先出しの人は最初の「ぽん」でグー・チョキ・パーのいずれかを出す。後出しの人は、それに合わせて、2番目の「ぽん」で「あいこ」に

なるものを、最後の「ぽん」で「負け」になるものを出す。

②特徴を記憶しよう

　グループで円になって順番を決める。1人目の人が、名前と趣味を言う。2人目の人は、1人目の人の特徴を含めて、「○○が趣味の◇◇さんの隣の」の後に自分の名前と趣味を言う。そのようにして、メンバーの特徴をつなげていき、どこまで覚えていられるか挑戦する。
＊「趣味」の部分は、誕生日、担当クラス、好きな食べ物などに変えたり、増やしてもOK。

③共通項を見つけよう

　グループに分かれて簡単な自己紹介をした後、3～5分の時間を取り、メンバーの共通項を考えられるだけあげてもらう。いくつかのグループに何個の共通項が見つかって、どのような内容だったかを発表してもらう。
＊見つける時間は、人数によって調整する。

◎手順の明示と演習の役割分担

　個々人の演習のときと同様に、手順を視覚化して明示します。複数での話し合いの手順としては、①話し合いの時間、②記録をまとめる時間、③全体に向けて報告する時間、の三つに分けられます。それぞれに要する時間と全体のスケジュールを伝えます。ただし、スケジュールどおりにいくのがよいのではなく、受講生の状況をみてそのつど柔軟に考える視点も大切にしましょう。また、話し合いの時間に入る前には必ず話し合いのテーマを強調しましょう。

　そうすることで、話が横道にそれることを防ぎます。さらに、話し合いの際の役割分担も決めます。主には、司会、記録者、発表者の三つです。

　司会は、発言者が偏らないように配慮しながら話し合いを進めます。場を和ませる必要を感じた場合、アイスブレイクを入れて参加者の緊張をほぐします。進め方のポイントは、クローズドクエスチョン（「はい」か「いいえ」で答えられるような質問）から始めて、オープンクエスチョン（「5W1H」を入れて相手が自由に返答できる質問）に移行することです。最初に、答えやすいクローズドクエスチョンで発言しやすい雰囲気にしたうえで、感情や考えを引き出すオープンクエスチョンに変えると、話し合いがスムーズに進むことが多いです。

　記録者は、話し合いの内容を記録します。基本的には、時系列で誰がどういった発言をしたのかを要約して記録しましょう。その際、疑問に思ったことや発言内容の意図がわかりにくかった場合などは、そのつど発言者に確認しましょう。記録をまとめる時間では、話し合われた内容を概略して、グループのメンバーに投げかけます。メンバーの意見を聞きながら、自分の概略が妥当かどうか確認しましょう。

　発言者は、記録をまとめる時間を通して、発表時間に合わせて何を発表するのかを整理し、グループのメンバーに確認しましょう。発表の際には、最初に発表のテーマ（主に○○のことが話し合われました）を簡潔に言い、その後に具体的な内容（例えば、△△のときには…）を話すと要点を聞き取りやすくなります。冗長にならないように留意して報告しましょう。

◎まとめ

　演習を取りまとめる際、全体に向けての報告の時間のもち方を考えます。全グループが報告することが望ましいですが、時間に合わせて報告してもらうグループ数を決めましょう。報告するグループを選択する場合は、話し合いの時間でどのグループがどのような話し合いをしたのかをおおまかに把握しておくことが必要です。報告は1グループ3～5分程度で短く行うよう伝えます。

　グループからの報告を受けた後、まとめを伝えます。ポイントは個々人の演習と同様です。しかし、複数での話し合いの場合、各グループで模造紙等を使いながら話し合いを進める演習もあります。その際には、それらをホワイトボードに貼り、そこにコメントを書き入れるなど、演習の方法によっては視覚化することも考えておきましょう。

📚 さまざまな演習形態

　ここでは、保育現場でよく実践されている園内研修について、その概要を紹介します。園内研修では、話し合いの目的によって、形態を考えます。各自の考えを広く伝え合うことを目的とする場合、自身の保育の枠組みを問い直す場合、意見をまとめて結論を導き出す場合、など、そのときの園内研修で何を主な目的とするのか事前に設定しておきましょう。

　以下は、グループ等で進める際に参考となるいくつかの例示です。実際には、ここであげられたものにとどまらず、多様な方法があり、講師によって、同じ演習内容でもいろいろな創意工夫があってもいいものです。このことを念頭においたうえで、実際の参考としてください。

◎付箋を使った研修

①KJ法

　KJ法は、集団でアイデアを創出する発想法の一つです（川喜田、1967）。まずは、模造紙、付箋、マジックを準備します。そして、①カードの作成、②グループ編成、③図解化の手順で進めます。まず、各自がそのテーマに関して思いつくアイデアを一つにつき一つの付箋にすべて書き出します。次に、数多くのカードのなかから似通ったものをいくつかのグループにまとめ、それぞれのグループに見出しをつけます。最後に、すべての付箋を概観して類似の意味のもの同士をグループ化し、グループ同士の関係性を図解化します。その図を見ながら、話し合いの結果を全員で確認します。

　KJ法は、付箋に書き出すという作業を通して話し合いにつなげることにより、全員の意見を反映し、集約できることが最大の利点といえます。

②園内マップの活用

　園内マップの活用では、まず園内の図面を大きめの模造紙に印刷します。次に参加者が付箋を貼りながら話し合いをして保育環境の見直しをします。話し合いのテーマを「遊び」にした場合、各自が園内の図面上にその場所で誰がどのような遊びをしていたかを付箋に書いて貼っていきます。その際、クラスで付箋の色を分けておくと、どのような環境でどのクラスの子どもがどのような遊びをしていたかがわかります。そうして園内での遊びを俯瞰した後、保育環境の見直しを

話し合います。同様に、「安全」をテーマにするなど、保育環境について全員で見直しがしたい場合に役立つ方法です。

◎写真を使った研修

①ドキュメンテーション

　レッジョ・エミリア・アプローチによって広く知られるドキュメンテーションは、子どもの活動や表現に至るプロセスを可視化するために写真等を用いた記録を指します。保育士等はデジタルカメラを使用して、日々の子どもたちの活動を写真に撮ります。その写真を印刷してコメントを添え、子どもや保護者が見られるように掲示し、対話のきっかけにします。

　その記録を園内の話し合いに活用します（請川ら、2016）。まず、ドキュメンテーションの作成者が、撮影した写真について、その子どもや遊びなどに対する読み取りを説明します。その後、ほかの保育士等がその読み取りに関する考えや印象に残った場面について、気づいたことや考えたことを話し合います。その際、掲示したドキュメンテーションをきっかけに子どもや保護者と対話した内容を含めるなど、多様な視点から子ども理解や遊び理解を考えるとより深まるでしょう。

② PEMQ（写真評価法）

　PEMQ（Photo Evaluation Method of Quality）は、写真を用いた保育環境の改善に関する研修方法の一つです（秋田ほか、2016）。手順は、「保育室の環境でいいなと感じたものを写真に撮る」「空き時間を利用し、3～4人のグループでその写真がなぜよかったのか、何が学べるかを話し合う」というものです。

　PEMQ は、時間がないなかでも行えること、写真により物理的な配置や雰囲気などが伝わりやすいこと、撮影者が気づかなかった観点を見出せることなどの利点があります。

◎映像を使った研修

○日本版 SICS（子どもの経験から振り返る保育プロセス）

　SICS は、子どもの安心度（well-being）と夢中度（involvement）の二つの側面から保育の質を自己評価して、改善を図ろうとする方法です。日本版 SICS では、下記の三つの段階を経て保育の質の改善に取り組む園内研修が行われています（秋田ほか、2010）。

　まず、一定時間の保育場面の映像を視聴し、観察者のエピソードの説明と5段階でつけた安心度、夢中度の評定とその理由を聞きます。次に、安心度と夢中度が高かった、もしくは低かった理由について、「豊かな環境」「集団の雰囲気」「自発性の発揮」「保育活動の運営」「大人のかかわり」の五つの観点から分析します。最後に、保育全体のチェックとして、「豊かな環境」「子どもの主体性―自由と参加―」「支援の方法―保育者の感性とかかわり―」「クラスの雰囲気―集団内の心地よさ―」「園・クラスの運営」「家庭との連携」の六つの視点、64のチェック項目を点検し、具体的に改善する事項を決定します。

　SICS を使った園内研修では、ほかの保育士等が子どもや保育を評定する際の基準や理由がわかり、保育全体の視点から改善を行うことができます。

◎記録を使った研修

①エピソード記述

　エピソード記述は、「出来事を外側から眺めて客観的に描く」という従来の保育記録とは異なります。単に出来事のあらましを描くのではなく、保育士等の目や身体を通して得た経験を保育士等の思いをからめて描きます（鯨岡、2005）。

　園内研修では、「背景」「エピソード」「考察」の三つから構成されたエピソード記述を使用します。手順としては、「保育実践」「エピソード記述の作成」「カンファレンス」「エピソード記述の書き直し」「保育実践」という循環で行います。エピソード記述は、保育士等自身の経験を描くため、保育士等の子ども理解の枠組みが意識化されやすいという特徴があります。また、カンファレンスの後にエピソード記述を書き直すことで、子ども理解の枠組みの変容を意味づけることが可能であるとされています（岡花ら、2008）。目的に応じて最初に役割を決めるのか、最初は皆が自由に話してから決めていくのかも、講師がねらいや状況をみて判断しましょう。

②ウェブ型記録

　ウェブ型記録とは、子どもの興味の広がりを蜘蛛の巣状に表す記録のことです。妹尾（2016）は、次の手順でウェブ型記録の作成と園内研修を進めています。

　ウェブの中心に、その時点で子どもが興味をもっている内容（トピック）を記入し、そこからつながりがある内容を線で結びます。さらに今後、興味がどう広がるかを予測して記入しながら、事前に用意したい環境（素材など）や道具、保育士等の言葉かけなどを検討します。そして、実際の生活や遊びを通して子どもの興味が広がったり変化したりするたびに、ウェブに赤色で記入していきます。

　このように話し合いを進めるなかで、子どもの興味を中心にした保育を考えることができます。活動の展開が保育士等の予測通りだった場合には、保育士等のはたらきかけが強すぎたのではないかと反省材料にもして再び話し合います。

③パターンランゲージ

　パターンランゲージとは、成功している事例やその道の熟練者に繰り返しみられる共通「パターン」を抽出し、抽象化を経て言語（ランゲージ）化して、よい実践の秘訣を共有するための方法です。

　井庭ら（2019）は、園づくりにおけるミドルリーダーの秘訣を27個の「ことば」にまとめ、そのことばを用いた研修の方法を提示しています。例えば、一つの「ことば」について、参加者の経験談を気軽に語り合うことや、その「ことば」に向かう園づくりのアイデアを園内の保育士等で話し合うことが考えられます。

◎その他

①ロールプレイ（役割演技）

　ロールプレイは、一つの状況を設定し、メンバーに別の人を演じてもらうことによって、その人の立場になって物事を考えることを促します。子どもや保護者への対応、あるいは園内での同僚との関係を見直す際に有効と考えられます。

進め方としては、最初に各自に役柄カードを配布し、自分の役割を確認します。次に、役柄カードに沿って、その役柄を演じ、意見を言います。そして、各登場人物はどのような考えだったのか、参加者全員で話し合います。最後に、解決策について、全員で話し合います。

　ロールプレイは、何かの課題に対して、他者の立場からの見方を実感し、別の視点から改善を目指すことができます。

②ワールド・カフェ

　ワールド・カフェとは、カフェのようなリラックスした雰囲気のなかで、少人数に分かれたテーブルで自由な対話を行い、ほかのテーブルとメンバーをシャッフルして対話を続けることにより、参加した全員の意見や知識を共有することができる方法の一つです。手順は、①グループ構成とホスト役の決定、②話し合いの循環、③全体での共有、です。

　まず、参加人数を均等割りにしてグループをつくります。そして各グループで1人、ホスト役を決定します。次に、話し合いのテーマについて、各グループで一定時間話し合います。その後、ホストだけを残してほかのメンバーは別のテーブルに移動します。その新しいグループのなかで、残っていたホストが自分のグループで話し合われた内容を説明し、移動してきたメンバーも自分のグループで話し合われた内容を紹介し、つながりを考えます。その後、移動したメンバーが再び元のグループに戻り、各自得たアイデアを紹介し合いながら、再度話し合いを行います。最後に、各グループでの話し合いの後、ホストが中心になって全体でのアイデアの共有を行います。

　ワールド・カフェは、幅広い問いが設定できることが利点です。そのため、これまでの思い込みを気づかせるようなもの、発想を促すもの、自分のこととして考えられるようなものを提示することで、広い観点からの議論が期待できます。

＜参考文献＞
秋田喜代美・湘北福祉会あゆのこ保育園『秋田喜代美の写真で語る保育の環境づくり──やってみませんか、写真でとらえる、写真でかたる、写真とともにつたえる、子どもと環境についての園内研修』ひかりのくに、2016年
川喜田二郎『発想法──創造性開発のために』中央公論社、1967年
鯨岡峻『エピソード記述入門』東京大学出版会、2005年
中坪史典「園内研修における質的アプローチの活用可能性──KJ法とTEMに着目して」『広島大学大学院教育学研究科紀要第三部』第64号、129～136頁、2015年
岡花祈一郎・杉村伸一郎・財満由美子・松本信吾・林よし恵・上松由美子・落合さゆり・山元隆春「「エピソード記述」による保育実践の省察──保育の質を高めるための実践記録と保育カンファレンスの検討」『広島大学学部・附属学校共同研究紀要』第37号、229～237頁、2008年
秋田喜代美・芦田宏・鈴木正敏・門田理世・野口隆子・箕輪潤子・淀川裕美・小田豊、「保育プロセスの質」研究プロジェクト作成『子どもの経験から振り返る保育プロセス　明日のより良い保育のために』幼児教育映像制作委員会、2010年
請川滋大・高橋健介・相馬靖明編著『保育におけるドキュメンテーションの活用』ななみ書房、2016年
妹尾正教「園としての哲学を共有し保育者間の対話を促して園全体で育ち合う風土をつくる」『これからの幼児保育』2016年度夏号、2016年
井庭崇・秋田喜代美編著『園づくりのことば──保育をつなぐミドルリーダーの秘訣』丸善出版、2019年

より深い学びに向けて

📖 書籍

- 井庭崇・秋田喜代美編著『園づくりのことば――保育をつなぐミドルリーダーの秘訣』丸善出版、2019 年
- I. シラージ、E. ハレット、秋田喜代美監訳・解説、鈴木正敏・淀川裕美・佐川早季子訳『育み支え合う保育リーダーシップ――協働的な学びを生み出すために』明石書店、2017 年
- 矢藤誠慈郎『保育の質を高めるチームづくり――園と保育者の成長を支える』わかば社、2017 年
- 那須信樹著者代表『手がるに園内研修メイキング――みんなでつくる保育の力』わかば社、2016 年
- 日本保育学会編『保育学講座 4　保育者を生きる：専門性と養成』東京大学出版会、2016 年
- 秋田喜代美監、松山益代『参加型園内研修のすすめ――学び合いの「場づくり」』ぎょうせい、2011 年

🖱 情報サイト

●内閣府

　保育・幼児教育施策に関する企画・立案や総合調整を担う官庁として、施策全体の基本的な計画等を定め、この計画等に基づき関係省庁が地方公共団体などと連携しつつ、さまざまな施策を実施している。

https://www.cao.go.jp/

●厚生労働省

　子育て支援、保育施策を担う官庁。保育所保育指針をはじめ、保育所の運営に関する法制度・施策を実施している。

https://www.mhlw.go.jp/

●文部科学省

　教育全般を担う官庁。幼稚園教育要領、小学校学習指導要領などを通し、教育の発展を担う。

https://www.mext.go.jp/

●国立教育政策研究所　幼児教育研究センター

　幼児教育政策への関心の高まりを背景として、幼児教育に関する国内の調査研究拠点としての役割を担う。

https://www.nier.go.jp/youji_kyouiku_kenkyuu_center/y_index.html

受講の記録

氏　名		所　属	

受講年月日　　　　年　　月　　日 ～　　　　年　　月　　日

研修会名

◎**受講した内容にチェックを入れましょう。**

□ マネジメントの理解
□ リーダーシップ
□ 組織目標の設定
□ 人材育成
□ 働きやすい環境づくり

今後、ミドルリーダーとして保育所で活かしたいこと（園内研修で取り上げてみたいことなど）

✎ 監修・編集・執筆者一覧

監修

秋田喜代美（あきた きよみ）
　東京大学大学院教育学研究科長・教育学部長

馬場耕一郎（ばば こういちろう）
　社会福祉法人友愛福祉会理事長・元厚生労働省保育指導専門官

編集

秋田喜代美（あきた きよみ）
　（前掲）

那須信樹（なす のぶき）
　中村学園大学教授

執筆者（執筆順）

馬場耕一郎（ばば こういちろう）‥‥‥‥‥‥‥第1章第1節・第2節、第2章
　（前掲）

滝澤真毅（たきざわ まさき）‥‥‥‥‥‥‥‥第1章第3節・第4節
　帯広大谷短期大学教授

秋田喜代美（あきた きよみ）‥‥‥‥‥‥‥‥第2章
　（前掲）

開　仁志（ひらき ひとし）‥‥‥‥‥‥‥‥第3章
　金沢星稜大学教授

那須信樹（なす のぶき）‥‥‥‥‥‥‥‥‥第4章
　（前掲）

関山浩司（せきやま こうじ）‥‥‥‥‥‥‥‥第5章
　社会保険労務士事務所こどものそら舎代表（認定経営革新等支援機関）・一般社団法人こどものそら代表理事

保育士等キャリアアップ研修テキスト7

マネジメント　第2版

2018年8月20日　初　版　発　行
2020年5月10日　第　2　版　発　行
2023年9月20日　第2版第3刷発行

監　修————————秋田喜代美・馬場耕一郎
編　集————————秋田喜代美・那須信樹
発行者————————荘村明彦
発行所————————中央法規出版株式会社

〒110-0016　東京都台東区台東3-29-1　中央法規ビル
Tel 03 (6387) 3196
https://www.chuohoki.co.jp/

印刷・製本————————株式会社太洋社
装幀・本文デザイン————株式会社ジャパンマテリアル
カバーイラスト————————株式会社レバーン　味藤　渚
本文イラスト————————小牧良次（イオジン）

定価はカバーに表示してあります。
ISBN978-4-8058-8112-5

本書の内容に関するご質問については、下記URLから「お問い合わせフォーム」にご入力いただきますようお願いいたします。
https://www.chuohoki.co.jp/contact/